Kohlhammer

Friederike Vogel

Praxisbuch Kita-Leitung

Wie der Einstieg in
Führungsaufgaben gelingt

Verlag W. Kohlhammer

Dieses Werk einschließlich aller seiner Teile ist urheberrechtlich geschützt. Jede Verwendung außerhalb der engen Grenzen des Urheberrechts ist ohne Zustimmung des Verlags unzulässig und strafbar. Das gilt insbesondere für Vervielfältigungen, Übersetzungen, Mikroverfilmungen und für die Einspeicherung und Verarbeitung in elektronischen Systemen.
Die Wiedergabe von Warenbezeichnungen, Handelsnamen und sonstigen Kennzeichen in diesem Buch berechtigt nicht zu der Annahme, dass diese von jedermann frei benutzt werden dürfen. Vielmehr kann es sich auch dann um eingetragene Warenzeichen oder sonstige geschützte Kennzeichen handeln, wenn sie nicht eigens als solche gekennzeichnet sind.
Es konnten nicht alle Rechtsinhaber von Abbildungen ermittelt werden. Sollte dem Verlag gegenüber der Nachweis der Rechtsinhaberschaft geführt werden, wird das branchenübliche Honorar nachträglich gezahlt.
Dieses Werk enthält Hinweise/Links zu externen Websites Dritter, auf deren Inhalt der Verlag keinen Einfluss hat und die der Haftung der jeweiligen Seitenanbieter oder -betreiber unterliegen. Zum Zeitpunkt der Verlinkung wurden die externen Websites auf mögliche Rechtsverstöße überprüft und dabei keine Rechtsverletzung festgestellt. Ohne konkrete Hinweise auf eine solche Rechtsverletzung ist eine permanente inhaltliche Kontrolle der verlinkten Seiten nicht zumutbar. Sollten jedoch Rechtsverletzungen bekannt werden, werden die betroffenen externen Links soweit möglich unverzüglich entfernt.

1. Auflage 2024

Alle Rechte vorbehalten
© W. Kohlhammer GmbH, Stuttgart
Gesamtherstellung: W. Kohlhammer GmbH, Heßbrühlstr. 69, 70565 Stuttgart
produktsicherheit@kohlhammer.de

Print:
ISBN 978-3-17-045085-1

E-Book-Formate:
pdf: ISBN 978-3-17-045086-8
epub: ISBN 978-3-17-045087-5

Inhalt

Warum dieses Buch?   **9**

1	**Die ersten Schritte als Kita-Leitung**	**11**
1.1	Die ersten Tage – Ankommen	12
1.2	Die ersten Wochen – Sich einen Überblick verschaffen	13
1.3	Das erste Jahr – In der Rolle wachsen	16
1.4	Die SWOT-Analyse	17
1.5	Smarte Ziele vs. Everest-Ziele	20
1.6	Zusammenfassung: Das erste Jahr als Kita-Leitung	22
2	**Selbstmanagement und Selbstführung**	**24**
2.1	Aktuelle Anforderungen und Herausforderungen	24
2.2	Schlüsselmerkmale erfolgreicher Führung	27
2.3	Die Entwicklung einer Vision	30
2.4	Die Entwicklung eines klaren Rollenverständnisses	31
2.5	Die sechs Rollen einer Führungskraft	33
2.6	Situatives Führen	35
2.7	Gute Führung heißt gute Selbstführung	37
2.8	Selbstzweifel im Beruf	41
3	**Tipps für den beruflichen Alltag**	**44**
3.1	Das Eisenhower-Prinzip	44
3.3	Das Pareto-Prinzip	47
3.4	Pausen einplanen	48
3.5	Die STOP-Methode	49

3.6 Auch mal schlecht gelaunt sein oder weniger
 arbeiten 50

4 Führung von Mitarbeitenden 51

4.1 Aufbau einer wertschätzenden Teamkultur 51
4.2 Phasen der Teamentwicklung 53
4.3 Die Maslowsche Bedürfnispyramide 57
4.4 Veränderungsmanagement und Umgang mit
 Widerstand im Team 58
4.5 Das PERMA-Modell 60
4.6 Die fünf Dysfunktionen eines Teams 61
4.7 Einarbeitung neuer pädagogischer Fachkräfte 64
4.8 Umgang mit Vielfalt und Inklusion im Team 66

5 Wertschätzend Gespräche führen 69

5.1 Feedbackmethoden 69
5.2 Mitarbeiterjahresgespräche 73
5.3 Der Umgang mit »schwierigen« Mitarbeitenden 78
5.4 Das Fürsorgegespräch 80

6 Mit Konflikten umgehen 82

6.1 Systemtheorie und Konstruktivismus 82
6.2 Herausfordernde Gespräche/
 Konfliktgespräche führen 88
6.3 Deeskalationstechniken bei einem
 Konfliktgespräch 94
6.4 Systemisch führen 97
6.5 Fehlerakzeptanz: Fehler sind wichtige
 Lernerfahrungen! 102
6.6 Lösungsorientiert an Problemstellungen
 herangehen 104

7	**Mit kreativen Ideen zu neuen Lösungen**	**106**
7.1	Die Kopfstandmethode	106
7.2	Kreative Ideen sammeln	107
7.3	Die Walt-Disney-Methode	108
7.4	Zu Entscheidungen kommen	110
7.5	Reflexionsmethoden	112
8	**Bewährte Praktiken und praktische Tipps**	**114**
8.1	Gestaltung von Teambesprechungen	114
8.2	Weitergabe von Informationen	117
8.3	Büroorganisation	119
8.4	Sprache schafft Wirklichkeit	121
9	**Elternarbeit**	**124**
9.1	No-Gos in der Elternzusammenarbeit	125
9.2	Das Aufnahmegespräch	126
9.3	Umgang mit Beschwerden von Eltern	127
10	**Qualitätsmanagement**	**131**
11	**Rechtliche Grundlagen**	**136**
11.1	Beteiligung von Kindern und Jugendlichen	137
11.2	Schutzauftrag bei Kindeswohlgefährdung	138
11.3	Checklisten	139
12	**Abschluss**	**143**
	Abbildungs-/Tabellenverzeichnis	**145**
	Quellenverzeichnis und weiterführende Literatur	**147**

Warum dieses Buch?

Seit über 20 Jahren arbeite ich im pädagogischen Bereich und die Hälfte dieser Zeit als Leitung einer Kindertagesstätte. Obwohl ich großartige Unterstützung von meinem Träger und eine umfassende Einarbeitung sowie Schulungen für Führungskräfte erhalten habe, kam es im Alltag immer wieder zu Situationen, in denen ich unsicher war oder es an Erfahrungswerten und strukturierten Strategien mangelte. Über die Jahre hinweg habe ich ein Repertoire an hilfreichen Methoden erworben. Genau diese Erfahrungen und Strategien möchte ich in diesem Buch gerne mit Ihnen teilen – immer auch vor dem Hintergrund aktuellen Fachwissens. Für viele Kita-Leitungen stellt der Einstieg in diese anspruchsvolle Rolle oft eine große Herausforderung dar. Es gibt nur wenige Konzepte, die auf die Vorbereitung und Begleitung der Leitungstätigkeit im Kita-Alltag spezialisiert sind. Dieses Buch begleitet Sie auf Ihrem Weg zu einer erfolgreichen Leitungstätigkeit und hilft Ihnen, Ihre beruflichen Fähigkeiten zu stärken sowie Werkzeuge zur Bewältigung der täglichen Herausforderungen zur Verfügung zu stellen.

Es ist mein Wunsch, dass das Buch für Sie eine wertvolle Ressource darstellt, um Ihre Rolle als Führungskraft im Bildungsbereich zu stärken und auszubauen. Ich hoffe, dass Sie auf den folgenden Seiten Inspiration und Motivation finden.

Der Inhalt:

- Gestaltung der ersten Tage, Wochen, des ersten Jahres
- Definition der eigenen Führungsrolle: Entwicklung einer Führungsidentität und Umsetzung einer pädagogischen Vision
- Selbstmanagement: Finden der richtigen Work-Life-Balance, Setzen von Prioritäten und Stärkung der persönlichen Resilienz

Warum dieses Buch?

- Effektives Teammanagement: Stärkung des Teams, Förderung der Zusammenarbeit und Motivation sowie Konfliktmanagement
- Entwicklung eines Qualitätsmanagementsystems

Das vorliegende Buch liefert bewährte Strategien und praktische Tipps aus der Praxis, um die Kita erfolgreich zu leiten und eine nachhaltige pädagogische Wirkung zu erzielen.

Nicht alle Aspekte lassen sich unmittelbar auf Ihren individuellen Alltag übertragen oder die eine oder andere Methode passt möglicherweise nicht zu Ihnen oder Ihrer Haltung. Es werden Impulse und Empfehlungen auf Grundlage meiner eigenen Erfahrungswerte und natürlich aktuellem Fachwissen geboten. Suchen Sie sich gern die Anregungen heraus, die für Sie, Ihre Haltung und Ihren Kita-Alltag passen.

Das vorliegende Buch soll dazu beitragen, dass einige der vorgestellten Ideen, Tipps und Anregungen in Ihrer täglichen Arbeit Anwendung finden können.

Beim Aufbau des Buches wurde darauf Wert gelegt, dass jedes Kapitel eigenständig gelesen werden kann. Es enthält Querverweise zu anderen Kapiteln, welche Ihnen helfen, Themen aus verschiedenen Perspektiven zu betrachten.

Ich hoffe, dass es für Sie sowohl informativ als auch inspirierend ist und Ihnen die darin enthaltenen Tipps und Ratschläge im Alltag von Nutzen sein werden.

Über Rückmeldungen zu dem Buch, Erfahrungen und Anekdoten aus Ihrem Kita-Alltag und selbstverständlich auch über kritische Anmerkungen freue ich mich.

Gern können Sie mich unter folgender Mailadresse kontaktieren: praxisbuch.kitaleitung@gmx.de

Friederike Vogel

1 Die ersten Schritte als Kita-Leitung

Der Einstieg als Kita-Leitung, in ein bestehendes oder in ein neues Team, kann eine aufregende, aber auch herausfordernde Erfahrung sein. Wie kann dieser Einstieg erfolgreich gestaltet werden? Eine gezielte Vorbereitung des ersten Jahres hilft dabei, die Gratwanderung zwischen dem Respekt vor dem Bestehenden und dem Auftrag zur Veränderung und der qualitativen Weiterentwicklung zu meistern. Auf der einen Seite geht es darum, die bestehenden Gegebenheiten in der Kindertagesstätte wahrzunehmen, zu verstehen und zu erlernen. Auf der anderen Seite sollen neue Strukturen geschaffen werden, um eine qualitative Weiterentwicklung der Kindertagesstätte zu erreichen.

Egal, ob man bereits Erfahrung als Leitung hat, von außen in die Kita kommt, aus dem Team heraus Leitung wird oder eine parallele Einarbeitung mit der bisherigen Kita-Leitung erfolgt: Die erste Zeit ist und wird spannend. Das Wichtigste ist, mit positiven Gedanken an die (neue) Aufgabe heranzugehen und auf die eigenen Fähigkeiten und Erfahrungen zu vertrauen.

Im Vorfeld sollte geklärt werden, wer wann wie informiert wird (Team, Eltern). Manche Träger bieten die Möglichkeit, sich vorab in einer Teamsitzung vorzustellen, um ein erstes gegenseitiges Kennenlernen zu ermöglichen. Wichtig ist auch die Frage, wie lange die Einarbeitungsphase dauern soll und ab wann man die volle Verantwortung für den Betrieb der Kita hat. Eventuelle Fragen zur Gestaltung der ersten Tage können schon vorab mit dem Träger geklärt werden.

1.1 Die ersten Tage – Ankommen

Der erste Arbeitstag in einer neuen Kita steht bevor. Es ist völlig normal, am ersten Arbeitstag nervös zu sein. Um entspannt starten zu können, sollten für den ersten Tag nicht zu viele Termine geplant werden. Es bietet sich an, den Tag mit einem Rundgang durch die Räumlichkeiten zu beginnen und sich einen Überblick über die Abläufe zu verschaffen. Es ist ratsam, ausreichend Zeit einzuplanen, um die neuen Kolleginnen und Kollegen, Mitarbeitende sowie Kinder und Eltern der Kita kennenzulernen. In Absprache mit der bzw. dem Vorgesetzten oder einem erfahrenen Mitarbeitenden kann eine Einführung in die Räumlichkeiten und die Abläufe erfolgen. Es ist wichtig zu klären, ob ein Einarbeitungskonzept vorliegt, welches einen Orientierungsrahmen für die erste Zeit schafft und anhand dessen man die erste Zeit strukturiert.

Wenn es noch kein Einarbeitungskonzept gibt (das wäre eine wichtige zukünftige Aufgabe für die Leitung), sollte gemeinsam mit dem Träger ein grober Zeitplan für die ersten Wochen und Monate erstellt werden. Das nachfolgende Raster dient dabei der groben Orientierung. In diesem Buch wird von einem Zeitraum von zwölf Monaten gesprochen, da es sinnvoll ist, ein ganzes Kita-Jahr miterlebt zu haben, um einen Eindruck von der Arbeitsweise, den Strukturen und den pädagogischen Inhalten der Kita zu bekommen.

Die erste Arbeitswoche: Einführung und Orientierung

- Vorstellung im Team
- Organisation und Planung der ersten Teamsitzung
- Kennenlernen des Personals, der Kinder und ihrer Familien sowie der Einrichtung
- Vertraut machen mit den administrativen Abläufen, der Dokumentation und den Regeln der Kita

1.2 Die ersten Wochen – Sich einen Überblick verschaffen

Die ersten Monate: Teambildung und Kommunikation

- Einzelgespräche mit den Mitarbeitenden führen, um ihre Stärken und Entwicklungsbereiche zu identifizieren
- einen gemeinsamen Teamtag organisieren, um Visionen und Erwartungen auszutauschen und die Kommunikation zu stärken
- Qualitätskontrolle – ein Qualitätskontrollsystem mit regelmäßiger Beobachtung und Evaluation einführen bzw. ein bestehendes System ergänzen und fortführen
- das Budget überprüfen und die Ressourcen für das kommende Jahr planen

Das ganze Jahr über: Selbstentwicklung und Notfallmanagement

- regelmäßige Teilnahme an Weiterbildungsveranstaltungen, zu aktuellen Entwicklungen in der frühkindlichen Bildung
- Absprachen mit dem Träger zu Führungskräftefortbildungen nach individuellem Bedarf, z.B. zu den Themen Kommunikation, Konfliktmanagement, Teambildung, Stressmanagement
- mit dem Vorgesetzten/der Vorgesetzten die Erwartungen klären und vereinbaren, wie der Erfolg gemessen werden kann. Auch die Wünsche und Erwartungen an den Vorgesetzten sollten regelmäßig besprochen werden.
- Notfallpläne, z.B. Vorgehen bei Unterbesetzung, entwickeln, um auf unvorhergesehene Situationen vorbereitet zu sein

1.2 Die ersten Wochen – Sich einen Überblick verschaffen

Als neue Kita-Leitung in einem bestehenden Team ist es wichtig, sich gut einzuleben und eine positive Beziehung zu den Mitarbeitenden

1 Die ersten Schritte als Kita-Leitung

aufzubauen. Dies kann mit einigen Orientierungstipps erleichtert werden. Einige Stolpersteine gilt es zu vermeiden. Diese sind im Folgenden beispielhaft aufgeführt.

Tab. 1: Dos and Don'ts

Hilfreich	Nicht hilfreich
Kennenlernen des Teams: Es ist wichtig, sich Zeit für das persönliche Kennenlernen der Mitarbeitenden zu nehmen, indem sich die Führungskräfte mit jedem Einzelnen/jeder Einzelnen zusammensetzen, um mehr über seinen/ihren Hintergrund, seine/ihre Erfahrungen und seine/ihre Erwartungen zu erfahren. Aufmerksames Zuhören, wenn über die Arbeit, Herausforderungen und Ideen gesprochen wird, zeigt Interesse an den verschiedenen Perspektiven.	*Überstürzte Veränderungen:* Veränderungen brauchen Zeit. Es ist ratsam, sofortige Veränderungen zu vermeiden, da diese Widerstand und Unsicherheit hervorrufen können. Es ist wichtig, in den ersten Wochen zunächst sorgfältig zu beobachten, die Veränderungsschritte zu priorisieren und schrittweise vorzugehen. Ein gründliches Verständnis der bestehenden Prozesse und Kultur ist wichtig, bevor sich die Führungskräfte auf die Identifizierung der wichtigsten Ziele und langfristigen Visionen konzentrieren.
Einarbeitungsplan: Es kann hilfreich sein, einen Einarbeitungsplan zu entwickeln (sofern kein struktureller Einarbeitungsplan vorhanden ist), der Ziele und Prioritäten für die ersten Wochen und Monate festlegt. Dies hilft, die Arbeit zu strukturieren und sicherzustellen, dass wichtige Aufgaben nicht übersehen werden.	*Kritik ohne Lösungen:* Kritik ohne konstruktive Lösungsvorschläge sollte vermieden werden. Stattdessen kann Feedback und Unterstützung zur Verbesserung angeboten werden.
Unterstützung anbieten: Um bei den anstehenden Aufgaben und Herausforderungen zu helfen, sollten Führungskräfte in den Gruppen mitarbeiten. Dies zeigt Engagement für das Team und ermöglicht ein besseres Kennenlernen der Kinder und Familien.	*Ungeduldig sein:* Es kann eine Weile dauern, bis man sich in ein neues Team eingelebt hat. Es ist wichtig, sich Zeit für den Aufbau von Beziehungen zu nehmen.

1.2 Die ersten Wochen – Sich einen Überblick verschaffen

Tab. 1: Dos and Don'ts – Fortsetzung

Hilfreich	Nicht hilfreich
	Negative Einstellung: Negative Äußerungen über frühere Führungskräfte oder die bestehende Kita-Situation sind tabu. Der Blick sollte nach vorne gerichtet sein und der Fokus auf der Zukunft liegen. Wenn kritische Äußerungen aus dem Team kommen, kann z. B. mit folgendem Satz geantwortet werden: »Ich denke, alles hat seine Zeit. Wir sollten nicht zurückblicken, sondern gemeinsam nach vorne schauen«.

In den ersten Tagen und Wochen ist es wichtig, eine offene, respektvolle und kooperative Atmosphäre zu schaffen. Die Herangehensweise und das Verhalten der Kita-Leitung haben einen großen Einfluss darauf, wie gut sie von ihrem Team akzeptiert wird und wie erfolgreich sie in ihrer Rolle als Kita-Leitung sein wird. Für eine gute Zusammenarbeit im Team ist es wichtig, die gegenseitigen Erwartungen zu formulieren und zu klären.

Ein dänisches Sprichwort besagt: »Der Mensch hat zwei Ohren und nur einen Mund«. Das Sprichwort besagt, wir sollten doppelt so viel zuhören wie sprechen. Das ist auch ein guter Rat für die erste Zeit als Führungskraft. Es drückt die Bedeutung des Zuhörens aus, sowohl für das eigene Lernen und Verstehen als auch für die Kommunikation und den Beziehungsaufbau zum Team. Die ersten Wochen und Monate sind entscheidend für den Aufbau von Vertrauen und Zusammenarbeit im Team. Durch die Konzentration auf das Zuhören, Verstehen und Unterstützen kann die Leitung eine positive Arbeitsatmosphäre schaffen, die die Grundlage für die qualitative Weiterentwicklung der Kita ist.

Es kann einige Zeit dauern, bis man sich in der neuen Rolle zurechtgefunden hat. Zunächst einmal ist es wichtig, sich einen Überblick über alle Aufgabenbereiche zu schaffen. Es ist völlig normal, sich am Anfang noch unsicher zu fühlen. Es ist auch in Ordnung, nicht gleich alles zu wissen, Fragen zu stellen und bei Unklarheiten oder Unsicherheiten um Hilfe zu bitten.

1.3 Das erste Jahr – In der Rolle wachsen

Nachdem nun in den ersten Monaten die wichtigsten Aspekte der Kita, das pädagogische Konzept, das Leitbild, das Qualitätsmanagement, das Budget, die personellen Ressourcen und die Kooperationspartner kennengelernt wurden, kann die Ist-Situation mit der Soll-Situation verglichen werden. Dabei ist zu prüfen, ob die pädagogischen Ziele, die strukturellen Rahmenbedingungen und die Kultur der Kita klar, sinnvoll, nachvollziehbar und umsetzbar sind. Anschließend sollten die Stärken und Schwächen der Kita identifiziert werden. Dazu eignen sich Methoden wie die SWOT-Analyse (▶ Kap. 1.4), Feedbackgespräche oder Fragebögen. Gemeinsam mit dem Team und in Absprache mit dem Träger der Einrichtung können dann Lösungsansätze entwickelt werden. Für die Umsetzung der besprochenen Ziele sollten konkrete Maßnahmen, Termine und Verantwortlichkeiten vereinbart werden. Die Ergebnisse und nächsten Schritte sollten kommuniziert werden, um alle Beteiligten über die Analyse, Lösungen und Maßnahmen zu informieren und Transparenz und Vertrauen zu schaffen.

Bei größeren Veränderungen oder Herausforderungen empfiehlt es sich, diese in kleinere, leichter umsetzbare Schritte zu unterteilen. Die Aufgabe der Kita-Leitung ist es, neue Prozesse in der Einrichtung anzuregen, diese umzusetzen und in den im Qualitätsmanagement festgelegten Abständen zu überprüfen (dazu auch ▶ Kap. 9).

In guter Zusammenarbeit und Absprache mit dem Träger der Einrichtung ist es hilfreich, Qualitätsstandards und -richtlinien zu etablieren, um die Bildungs- und Betreuungsqualität überprüfbar zu machen und zu steigern. Das beinhaltet das Sammeln von Feedback, das Analysieren von Erfahrungen und das Anpassen von Strategien, um die Qualität der Kita kontinuierlich zu verbessern. Dafür ist es notwendig, im regelmäßigen Kontakt mit der Führungsebene – dem Träger der Einrichtung zu sein und sich über neue Entwicklungen, Nachhaltigkeit, Digitalisierung und weitere Herausforderungen im pädagogischen Diskurs zu informieren. Mit Blick in die Zukunft sollen Kitas ermutigt werden, langfristig zu denken und sicherzustellen, dass Kitas mit den Veränderungen und Herausforderungen der Zukunft Schritt halten können. Dies kann die Integration neuer Konzepte, die Anpassung an soziokulturelle Entwicklungen und die Vorbereitung der Kinder auf eine sich wandelnde Welt umfassen (dazu auch ► Kap. 9 zum Thema Qualitätsmanagement).

Dennoch ist es wichtig, trotz oder gerade wegen aller Aufgaben und Verantwortungen flexibel und anpassungsfähig zu sein, da sich Herausforderungen und Prioritäten im Laufe der Zeit ändern können. Eine kontinuierliche Kommunikation, eine gute Zusammenarbeit im Team und mit dem Träger sowie Selbstreflexion sind entscheidende Faktoren, um erfolgreich in der Rolle der Führungskraft zu wachsen.

1.4 Die SWOT-Analyse

Die SWOT-Analyse ist eine Methode, um die Stärken, Schwächen, Chancen und Risiken eines Unternehmens oder einer Organisation zu bewerten. Sie ist ein Instrument zur strategischen Planung in der Betriebswirtschaft. SWOT steht für *Strengths* (Stärken), *Weaknesses* (Schwächen), *Opportunities* (Chancen) und *Threats* (Risiken).

Um die Stärken, Schwächen, Chancen und Risiken der Kita bewerten zu können, kann eine SWOT-Analyse durchgeführt werden. Diese Methode hilft dabei, die aktuelle Situation zu analysieren und strategische Entscheidungen zu treffen. Zunächst wird das Ziel der Analyse definiert. Was soll mit der SWOT-Analyse erreicht werden?

1 Die ersten Schritte als Kita-Leitung

Einige Beispiele sind: die Qualität der pädagogischen Arbeit verbessern, die Zufriedenheit der Eltern erhöhen oder die Zusammenarbeit im Team stärken.

Nachdem das Ziel festgelegt wurde, wird im nächsten Schritt eine SWOT-Matrix erstellt. Diese kann wie in Abbildung 1 aussehen (▶ Abb. 1).

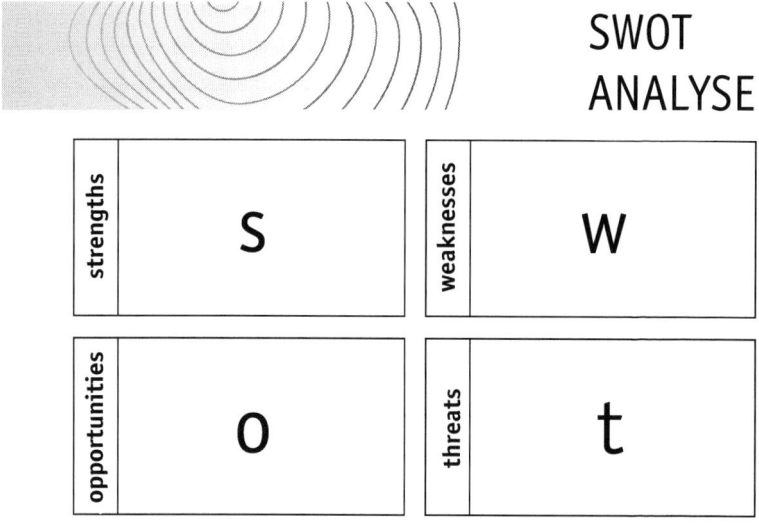

Abb. 1: SWOT-Analyse (eigene Darstellung)

Die vier Quadranten werden mit Stärken, Schwächen, Chancen und Risiken gekennzeichnet und im Anschluss wird die SWOT-Matrix für die jeweilige Einrichtung/Kita ausgefüllt. Die Informationen werden aus verschiedenen Quellen gesammelt, wie z.b. Beobachtungen, Gesprächen, Elternbefragungen oder anderen Dokumenten. Die gesammelten Informationen werden den entsprechenden Quadranten zugeordnet. Zum besseren Verständnis zeigt Abbildung 2 eine beispielhafte SWOT-Analyse (▶ Abb. 2).

Anschließend ist es empfehlenswert, die Ergebnisse objektiv zu bewerten. Dabei sollten insbesondere die wichtigsten Punkte, die

1.4 Die SWOT-Analyse

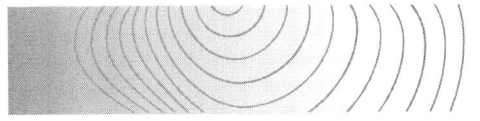

SWOT ANALYSE

strengths	weaknesses
• erfahrenes Personal • guter Standort • großzügige Räumlichkeiten	• begrenztes Budget • kleines Außengelände

opportunities	threats
• große Nachfrage nach Kita-Plätzen • Kooperationen mit angrenzenden Schulen	• Neubau einer Kita in der Nähe • gesetzliche Änderungen • wirtschaftliche Unsicherheit

Abb. 2: SWOT-Analyse-Beispiel (eigene Darstellung)

genutzten Stärken sowie die zu überwindenden Schwächen, die sich bietenden Chancen sowie die zu vermeidenden Risiken berücksichtigt werden. Im nächsten Schritt ist es von Bedeutung, gemeinsam mit dem Team Lösungen und Maßnahmen zu entwickeln und die Mitarbeitenden in den Analyse- und Veränderungsprozess einzubeziehen. Dafür eignen sich verschiedene Methoden wie Brainstorming, Mindmapping oder Workshops. Danach ist es wichtig, alle Beteiligten über die Resultate der SWOT-Analyse sowie die geplanten Maßnahmen objektiv zu informieren, um Transparenz und Vertrauen zu fördern. Anschließend empfiehlt es sich, Feedback und Unterstützung einzuholen. Nachdem die Analyse durchgeführt wurde, gibt es jetzt die Möglichkeit, eine klare Zielsetzung zu entwickeln. Hofbauer und Kauer schreiben:

»Sie sollten eine Balance zwischen Stabilität und Veränderung finden, um weder Sie noch das System zu überfordern. [...] Ändern Sie also nicht zu viel auf einmal. Konzentrieren Sie sich stattdessen auf zentrale Punkte, die Ihnen entweder schnell positive Resonanz und Anerkennung verschaffen (Quick

Wins) oder bei denen Sie sicher sind, dass Handlungsbedarf besteht.« (Hofbauer & Kauer 2023, S. 192)

Jede Veränderung und jedes Ziel sollte sorgfältig geplant und kommuniziert werden, um sicherzustellen, dass alle Beteiligten die Veränderungen verstehen und unterstützen, und um Akzeptanz zu schaffen. Bevor Veränderungen durchgeführt werden, ist es ratsam, zunächst gemeinsam im Team eine Vision zu erarbeiten (▶ Kap. 2.3).

1.5 Smarte Ziele vs. Everest-Ziele

Eine Zielsetzung ist wichtig, um der Arbeit eine Richtung zu geben und um zu entscheiden, wohin und in welche Richtung sich die Kita entwickeln soll. Dazu gibt es verschiedene Methoden. Im Folgenden werden SMART-Ziele und Everest-Ziele vorgestellt. SMART-Ziele und Everest-Ziele sind beides Methoden der Zielfindung, unterscheiden sich aber in ihrer Zielsetzung und in ihrem Fokus.

Der SMART-Ansatz ist eine bewährte Methode, um präzise Ziele zu setzen. Er unterstützt dabei, Ziele objektiv und klar zu formulieren sowie einen Plan zu erstellen, um sie zu erreichen. Die SMART-Formel bietet Hilfe bei der Formulierung und Verfolgung von Zielen, in dem sie fünf Kriterien vorgibt, die sich aus dem Akronym ergeben: *spezifisch*, *messbar*, *attraktiv*, *erreichbar* und *terminiert*.

> Ein Beispiel für ein SMART-Ziel als Kita-Leitung könnte sein: »Innerhalb des nächsten Jahres soll die Anzahl der Elternbeschwerden durch die Einführung von monatlichen Elternabenden und die Einführung eines effizienteren Feedbacksystems um 25 % reduziert werden«.
> Dieses Ziel ist:

1.5 Smarte Ziele vs. Everest-Ziele

- *Spezifisch:* Es bezieht sich auf eine konkrete Verbesserung in der Kita, nämlich die Reduzierung der Beschwerden von Eltern.
- *Messbar:* Die Reduzierung der Beschwerden kann quantifiziert und gemessen werden.
- *Attraktiv:* Es ist ein attraktives Ziel, da es darauf abzielt, die Zufriedenheit der Eltern zu *verbessern.*
- *Realistisch:* Es ist ein erreichbares Ziel, vorausgesetzt, es werden geeignete Maßnahmen ergriffen.
- *Terminiert:* Es gibt einen klaren Zeitrahmen für die Erreichung des Ziels, nämlich ein Jahr.

Im Gegensatz dazu versteht man unter »Everest-Zielen« (vor allem im Coaching) ein Zielkonzept, das nicht auf die Lösung von Problemzuständen, sondern auf Motivation abzielt. Everest-Ziele sind wie große Träume oder Visionen – wie der Mount Everest – hoch und herausfordernd. Sie sollen nicht unbedingt erreicht werden, sondern inspirieren und motivieren. Der Weg zum Ziel ist dabei genauso wichtig wie das Ziel selbst.

Ein Beispiel für ein Everest-Ziel einer Kita-Leitung könnte sein, »die beste Kita der Stadt zu werden, die für ihre hervorragende pädagogische Arbeit und ihr Engagement für die Kinder anerkannt wird«. Dieses Ziel ist sehr hochgesteckt und erfordert außergewöhnliche Leistungen und Beiträge zur frühkindlichen Bildung und Erziehung. Es kann als Inspiration und Motivation dienen, die Qualität der Betreuung und Bildung in Kindertagesstätten kontinuierlich zu verbessern.

Bei Everest-Zielen geht es nicht unbedingt darum, das Ziel tatsächlich zu erreichen, sondern vielmehr darum, den Weg dorthin als lohnend und sinnstiftend zu erleben.

Zusammenfassend kann festgestellt werden, dass SMART-Ziele hauptsächlich auf spezifische und messbare Erfolge ausgerichtet sind, während Everest-Ziele darauf abzielen, die Motivation zu fördern.

1 Die ersten Schritte als Kita-Leitung

1.6 Zusammenfassung: Das erste Jahr als Kita-Leitung

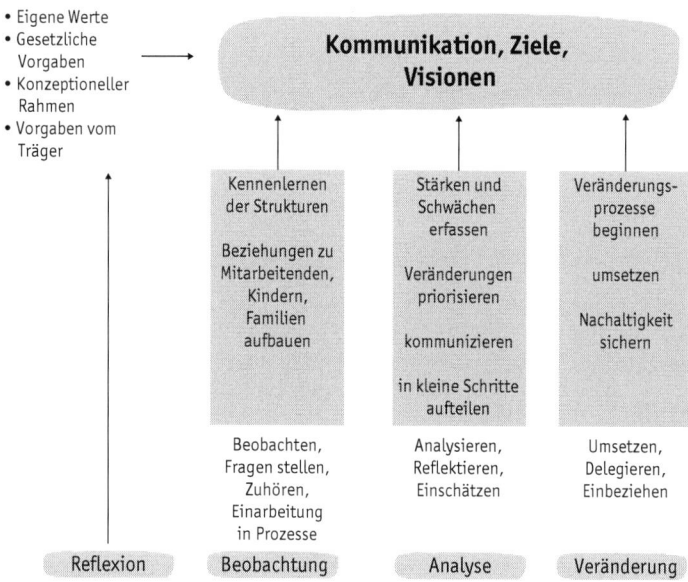

Abb. 3: Zusammenfassung: Das erste Jahr als Kita-Leitung (eigene Darstellung)

Wie in den vorherigen Kapiteln aufgezeigt, kann der Start als Kita-Leitung herausfordernd sein. Für die kontinuierliche Überprüfung des Führungshandelns ist ein strukturierter Ansatz und ein zyklischer Prozess aus Beobachtung, Analyse, Anpassung/Veränderung und Reflexion notwendig. Es ist wichtig, diesen Prozess regelmäßig zu durchlaufen, um sicherzustellen, dass Kommunikationsmethoden und die Art und Weise, wie die Visionen und Ziele verfolgt werden, effektiv bleiben und sich weiterentwickeln.

Im folgenden Abschnitt geht es darum, wie Zeit, Energie und Ressourcen effektiv gemanagt werden können, um die eigenen Lei-

1.6 Zusammenfassung: Das erste Jahr als Kita-Leitung

tungsfähigkeiten weiterzuentwickeln und in der eigenen Rolle noch erfolgreicher zu werden.

2 Selbstmanagement und Selbstführung

2.1 Aktuelle Anforderungen und Herausforderungen

Die Anforderungen an Kita-Leitungen sind in den letzten Jahren deutlich gestiegen. Der zunehmende Fachkräftemangel hat erhebliche Auswirkungen auf den Betrieb von Kindertagesstätten. Um dem Fachkräftemangel in Kindertagesstätten gut begegnen zu können, sind gezielte Maßnahmen wie ein effektives Personalmanagement und die Schaffung eines positiven Arbeitsumfeldes notwendig, um das vorhandene Personal zu binden und qualifiziertes neues Personal zu gewinnen. Eine weitere Herausforderung ist die zunehmende Heterogenität der Teams. Dies bedeutet, dass die Vielfalt des pädagogischen Personals in Bezug auf Alter, Geschlecht, kulturellen Hintergrund, Erfahrung, Qualifikation und Persönlichkeit zahlreiche Herausforderungen für das Personalmanagement mit sich bringt.

Auch unsere Gesellschaft wird immer vielfältiger. Kindertagesstätten stehen als familienergänzendes Angebot zunehmend vor der Herausforderung, mit dieser Vielzahl an Lebensformen, Kulturen, Werten, Erziehungsvorstellungen und Bildungsbedürfnissen umzugehen. Wie können die Bedürfnisse aller Kinder und Familien mit verschiedenen Hintergründen und Fähigkeiten am besten berücksichtigt werden? Im Rahmen einer interessanten Studie, die Schutter 2018 an der Hochschule Rosenheim durchgeführt hat (vgl. Schutter & Braun 2018), wird untersucht, wie Kitas mit bestimmten Herausforderungen umgehen können. Dazu wurden 94 Leitungen von Kindertageseinrichtungen in Sachsen und Thüringen zu ihrem Umgang mit gesellschaftlicher Vielfalt befragt. Zusätzlich wurden zehn qualitative Experteninterviews mit Einrichtungsleitungen geführt. Die Studie zeigt, dass gesellschaftliche Vielfalt in Kindertageseinrichtungen als Normalität wahrgenommen wird. Dennoch sehen sich die Fachkräfte in den Einrichtungen mit einer Reihe von Herausforderungen konfrontiert, darunter die Integration von Kindern mit Migrationshintergrund, die Inklusion von Kindern mit Behinderungen und der Umgang mit unterschiedlichen Familienformen. Die Studie zeigt auch, dass die Personalschlüssel in vielen Einrichtungen sehr knapp bemessen sind, was die Umsetzung der gewünschten pädagogischen Aktivitäten erschwert. Erschwerend kommt hinzu, dass es Probleme bei der Gewinnung neuer Fachkräfte gibt.

Die Studie bietet einen wertvollen Einblick in die Herausforderungen und Chancen von Kindertageseinrichtungen in einer vielfältigen Gesellschaft und liefert wichtige Erkenntnisse für Politik und Praxis. Zusammenfassend lässt sich sagen, dass die Ergebnisse zeigen, dass die Kitas zwar gut aufgestellt sind, jedoch auch mit Personalmangel und den Erwartungen der Eltern konfrontiert werden (vgl. Schutter & Braun 2018). Durch die Corona-Pandemie und den zunehmendem Fachkräftemangel hat sich die Situation noch verschärft (vgl. Nifbe 2019).

Inklusion ist eine gemeinsame Aufgabe, bei der Bildungseinrichtungen, Eltern und die Gesellschaft zusammenarbeiten, um sicherzustellen, dass jedes Kind die bestmögliche Bildung und Betreuung erhält. In unserer von Vielfalt geprägten Welt ist es von entscheidender Bedeutung, dass pädagogische Führungskräfte und Fachkräfte ein tiefes Verständnis von kultureller Pluralität und Inklusion haben. Dies bedeutet, sensibel für die unterschiedlichen Hintergründe und Bedürfnisse von Kindern und ihren Familien zu sein und sicherzustellen, dass Bildung für alle zugänglich und gerecht ist. Dies erfordert eine hohe kulturelle Sensibilität und interkulturelle Kompetenz der Kita-Leitung und des Teams. Der Umgang mit Vielfalt und inklusives Handeln sollten auch in der Konzeption beschrieben werden.

Die Kindertagesstätte als erste institutionelle Bildungseinrichtung spielt eine entscheidende Rolle in der Entwicklung von Kindern und legt den Grundstein für lebenslanges Lernen. Hier haben Kinder die Möglichkeit, in einer sicheren und förderlichen Umgebung die Welt zu erforschen, zu lernen und zu wachsen. Als Kita-Leitung ist es maßgeblich, kreative Ansätze und Strategien zu entwickeln, um die Bildungsqualität trotz sich verschlechternder Rahmenbedingungen (vgl. Nifbe 2019) aufrechtzuerhalten und zu verbessern. Dafür sind Flexibilität und eine optimale Nutzung der vorhandenen Ressourcen erforderlich.

Wenn die Aufgaben dauerhaft nicht bewältigt werden können und immer umfangreicher werden, ist es wichtig, dies dem Träger mitzuteilen und gemeinsam nach Lösungen zu suchen. Um diesen Herausforderungen gerecht zu werden, benötigen Kita-Leitungen eine gute Qualifizierung, die auch berufsbegleitend erfolgen kann, sowie entsprechende Unterstützung.

Bisher wurde diskutiert, welche Fähigkeiten und Herausforderungen Kita-Leitungen bewältigen sollen. Doch was bedeutet es überhaupt, eine gute Leitung zu sein?

»Erfolgreiche Führung beginnt damit, sich selbst zu führen.«
(unbekannt)

Eine erfolgreiche Führungskraft muss über verschiedene Eigenschaften und Fähigkeiten verfügen, um ein Team oder eine Organisation, wie z.B. eine Kita, erfolgreich zu leiten. Diese Fähigkeiten und Eigenschaften können erworben und weiterentwickelt werden. Dies kann durch Seminare oder Coachings, welche auf die Entwicklung von Führungskompetenzen ausgerichtet sind, durch Feedback zur Identifikation und Verbesserung eigener Stärken und Schwächen oder durch praktische Erfahrungen geschehen. Und hoffentlich auch durch dieses Buch.

2.2 Schlüsselmerkmale erfolgreicher Führung

In vielen Fachbüchern wird auf die Unterscheidung der Begriffe »Leitung« und »Führung« aufmerksam gemacht. Im Englischen ist die Rede von Management im Gegensatz zu Leadership. Leitung ist die formale und organisatorische Verantwortung innerhalb einer Struktur, während Führung die persönliche Einflussnahme und Motivation von Menschen unabhängig von der Position umfasst. Wie sich diese Begriffe unterscheiden und inhaltlich voneinander abgrenzen lassen, wird in Tabelle 2 (▶ Tab. 2) näher erläutert.

Tab. 2: Abgrenzung von »Leitung« und »Führung«

	Leitung/Management	Führung/Leadership
Aufgaben und Ziele	Leitung konzentriert sich in erster Linie auf die effiziente Organisation von Ressourcen, Prozessen und Abläufen, um bestimmte Ziele zu erreichen. Es geht darum, die Dinge in Gang zu setzen, Aufgaben zu delegieren, Prozesse zu optimieren und sicherzustellen, dass die Arbeit erledigt wird.	Führung hingegen befasst sich mit der Begleitung von Menschen, um sie zu inspirieren, zu empowern und zu leiten, damit sie gemeinsame Ziele erreichen. Es geht darum, eine Vision zu schaffen, Teams zu entwickeln und Engagement zu fördern.
Ansatz und Stil	Der Leitungsansatz kann oft als autoritär oder kontrollierend angesehen werden. Es geht darum, klare Anweisungen zu geben, Verantwortlichkeiten festzulegen und sicherzustellen, dass alles nach Plan verläuft.	Führung basiert auf Vertrauen, Inspiration und dem Aufbau von Beziehungen. Führungskräfte motivieren und unterstützen ihre Teams, indem sie eine Vision vermitteln, Ziele kommunizieren und die individuellen Fähigkeiten und Potenziale der Teammitglieder fördern.
Mitarbeitendenorientie-	Leitende Personen sind in der Regel auf die Aufgaben und	Führungskräfte legen Wert auf die Menschen. Sie kümmern

2 Selbstmanagement und Selbstführung

Tab. 2: Abgrenzung von »Leitung« und »Führung« – Fortsetzung

	Leitung/Management	Führung/Leadership
rung vs. Aufgabenorientierung	Prozesse fokussiert. Sie konzentrieren sich darauf, die Arbeit effizient zu erledigen.	sich um die Entwicklung, das Wohlbefinden und die Motivation ihrer Teammitglieder.
Kurzfristige vs. Langfristige Ausrichtung	Leitung ist oft kurzfristig ausgerichtet, um unmittelbare Ergebnisse und Effizienz zu erzielen.	Führung hat eine langfristige Ausrichtung, da sie die Entwicklung von Menschen und Teams im Auge behält und langfristige Ziele und Visionen verfolgt.

Beide Begriffe werden oft miteinander vermischt. Da das Berufsbild als »Kita-Leitung« bezeichnet wird, wird diese Berufsbezeichnung in diesem Buch weiterhin verwendet. In den weiteren Kapiteln wird sensibel zwischen »Leitung« und »Führung« unterschieden. In der Praxis ergänzen sich Leitung und Führung häufig. Eine gute Führung ist ein unverzichtbares Element für die Qualität der pädagogischen Arbeit.

Doch was genau ist »gute Führung«? Gute pädagogische Führung zeichnet sich durch Empathie und emotionale Intelligenz aus.

Unter emotionaler Intelligenz wird in diesem Zusammenhang die Fähigkeit verstanden, eigene und fremde Gefühle zu erkennen, zu verstehen und zu beeinflussen (vgl. Goleman 1997). Empathie sollten pädagogische Leitungskräfte zeigen, um die Bedürfnisse, Gefühle und Anliegen ihrer Mitarbeitenden, Kinder und Familien zu verstehen. Dadurch wird eine unterstützende und fördernde Umgebung geschaffen, in der die Entwicklung von Kindern und Erwachsenen erfolgreich verlaufen kann.

Eine klare Kommunikation ist ein wichtiger Baustein. Wirksame Führungskräfte müssen nicht nur klar und effektiv kommunizieren, sondern auch zuhören können. Anerkennung und Wertschätzung sind wesentliche Faktoren für die Mitarbeiterzufriedenheit, Motivation und Loyalität sowie für den Aufbau von Vertrauen und einer offenen, kooperativen Atmosphäre im Unternehmen. Falls sie fehlen,

kann dies zu unterschwelliger Unzufriedenheit und Demotivation führen. Das zeigt auch das Ergebnis der EY-Jobstudie 2021. Diese umfasste eine Umfrage unter mehr als 1500 Arbeitnehmerinnen und Arbeitnehmern in verschiedenen Altersgruppen, die von der Beratungsfirma EY (Ernst & Young) durchgeführt wurde, um die Motivation, Zufriedenheit und Work-Life-Balance von Beschäftigten in Deutschland zu untersuchen (EY 2023).
Sie besagt:

- Der Anteil derer, die bei der Arbeit motiviert sind, sinkt von 78 auf 71 %.
- Fast jede/r Dritte findet keine Anerkennung für sich und seine Arbeit.
- Der Führungsstil im Unternehmen spielt eine große Rolle bei der Zufriedenheit der Mitarbeitenden.

Die Ergebnisse der EY-Jobstudie werfen ein Schlaglicht auf die wachsende Unzufriedenheit und mangelnde Motivation der Arbeitnehmer und Arbeitnehmerinnen in Deutschland. Fast ein Drittel der Befragten fühlt sich und seine Arbeit nicht anerkannt. Trotz dieser ernüchternden Zahlen glauben 95 % der Befragten, dass sie einen wichtigen Beitrag zum Unternehmenserfolg leisten. Diese Diskrepanz zwischen der Wahrnehmung der Mitarbeitenden und ihrer tatsächlichen Leistung unterstreicht die Notwendigkeit einer stärkeren Wertschätzung der Mitarbeitenden in der Arbeitswelt.

Es geht darum, die Leistungen der Mitarbeitenden anzuerkennen und zu würdigen, ihren Beitrag zum Unternehmenserfolg hervorzuheben und eine Kultur der Anerkennung und Wertschätzung zu fördern.

Mitarbeitenden Wertschätzung zu zeigen und Mitarbeitende wertzuschätzen heißt,

- sie in ihrer Person anzuerkennen und zu respektieren,
- ihnen wohlwollend gegenüberzustehen,
- ihnen Aufmerksamkeit zu geben und

• ihre individuellen Wünsche und Bedürfnisse ernst zu nehmen.

In einer Atmosphäre der Wertschätzung zeigen Führungskräfte den Mitarbeitenden, dass ihre Leistungen, ihre Persönlichkeit und ihre Meinungen respektiert und anerkannt werden. Dies ist ein guter Ausgangspunkt, um herauszufinden, was die Mitarbeitenden begeistert und was sie erreichen wollen.

2.3 Die Entwicklung einer Vision

Aus solchen Fragen kann das Team gemeinsam eine Vision für die Kita entwickeln, welche die Richtung, Werte und Ziele für das Team und die Einrichtung widerspiegelt. Die Vision der Bildungseinrichtung sollte auf langfristige qualitative Entwicklung ausgerichtet sein. Eine gemeinsame Vision im Team zu entwickeln ist eine wichtige Aufgabe für Führungskräfte und Mitarbeitende.

Es gibt verschiedene Fragestellungen, Methoden und Schritte, um eine Vision zu entwickeln:

1. Mit wem zusammen soll die Vision erstellt werden – nur im Team, mit dem Träger, mit den Eltern, mit den Kindern?
2. Wofür steht die Vision?
3. Zeitlichen Rahmen festlegen
4. Entwurf eines positiven Zukunftsbildes
5. Schreiben eines ersten Entwurfs und im Anschluss Reflexion
6. Überarbeitung
7. Feedback einholen
8. Die Vision teilen

2.4 Die Entwicklung eines klaren Rollenverständnisses

Die Anforderungen an Kita-Leitungen, wie sie in den vorangegangenen Kapiteln beschrieben werden, verdeutlichen die Schwierigkeiten, diesen Anforderungen gerecht zu werden. Die Rolle als Führungskraft ist anspruchsvoll, doch sie ist von entscheidender Bedeutung für die Gestaltung und Qualität der pädagogischen Arbeit in Kindertagesstätten. In diesem Zusammenhang ist es hilfreich, sich mit der eigenen Rolle auseinanderzusetzen. Dabei hilft es, sich Fragen zu stellen und sich und die eigene Arbeit regelmäßig zu reflektieren. Gerade bei der Einarbeitung in eine neue Position sollte man sich dafür ausreichend Zeit nehmen.

Im nachfolgenden Absatz sind Reflexionsfragen zusammengestellt:

- Welche Aufgaben und Verantwortlichkeiten habe ich in meiner Rolle als Kita-Leitung?
- Was sind die Ziele und Erwartungen des Trägers an mich?
- Wie fügt sich meine Rolle in die Gesamtstruktur ein?
- Wie interagiere ich mit meinen Vorgesetzten, Kolleginnen/Kollegen und anderen Mitarbeitenden?
- Welche Visionen und Ziele habe ich für die Kita? Welche langfristigen und kurzfristigen Ziele möchte ich für die Kita erreichen? Wie kommuniziere ich meine Erwartungen und Ziele?
- Welche finanziellen, personellen und materiellen Ressourcen stehen mir zur Verfügung und wie kann ich diese Ressourcen effizient nutzen?
- Wie gestalte ich die Führung in der Kita? Wie gehe ich mit Herausforderungen um und welche Strategien habe ich für die Lösung von Konflikten und die Bewältigung dieser Herausforderungen?

- Wie fördere ich ein positives Arbeitsklima und die Zusammenarbeit im Team?
- Wie gestalte ich die Kommunikation mit meinem Team und anderen Beteiligten?
- Wie kann ich sicherstellen, dass meine Erwartungen klar verstanden werden?
- Wie kann ich meine Weiterbildung gezielt vorantreiben?
- Welche Fortbildungen und Weiterbildungen sind notwendig, um meine Fähigkeiten und Kenntnisse als Kita-Leitung auf dem neuesten Stand zu halten?
- Wie kann ich meine berufliche Weiterentwicklung planen?
- Wie kann ich meinen Erfolg messen? Gibt es Kriterien und Kennzahlen, um den Erfolg bzw. die Qualität meiner Arbeit zu bewerten?

Nach der Auseinandersetzung mit Reflexionsfragen, die darauf abzielen, Handlungen und Entscheidungen kritisch zu hinterfragen und zu verstehen, soll nun das Rollenverständnis in den Mittelpunkt gerückt werden. Im folgenden Abschnitt wird daher erläutert, wie eine reflektierte Auseinandersetzung mit der eigenen Rolle die Arbeit in der Kita bereichern kann.

Im Laufe der Zeit wurden Modelle und Theorien zur Rolle von Führungskräften entwickelt, die unterschiedliche Rollen und Schwerpunkte betonen können. Da einige sehr interessant sind und im pädagogischen Kontext wenig über die wirtschaftlichen Dimensionen vermittelt wird, werden zwei bekannte Modelle näher vorgestellt:

- das Sechs-Rollen-Modell
- Situatives Führen

2.5 Die sechs Rollen einer Führungskraft

Abb. 4: Die sechs Rollen einer Führungskraft (eigene Darstellung angelehnt an »Systemisch führen« nach Schwarz & Schwarz[1])

Ein Konzept, das in der Literatur zum Thema Führung und Management diskutiert wird, ist das der sechs Rollen einer Führungskraft. Dabei handelt es sich um kein spezifisches und allgemein anerkanntes

---

1 https://www.linkedin.com/learning/systemisch-fuhren

Modell, das von einer einzelnen Person oder Organisation entwickelt wurde, sondern vielmehr um eine allgemeine Konzeptualisierung der verschiedenen Aufgaben und Verantwortlichkeiten, die Führungskräfte in Organisationen wahrnehmen.

Das Modell der »Sechs Rollen« ist eine vereinfachte Darstellung, um die wichtigsten Dimensionen der Führungsverantwortung zu verdeutlichen. Es ist zu beachten, dass es keine feste Anzahl von Führungsrollen gibt und dass die Anzahl und Beschreibungen dieser Rollen je nach Kontext und Organisation variieren können. In welcher dieser sechs Rollen finden Sie sich regelmäßig wieder?

Eine Rolle, die Kita-Leitungen neben ihrer Hauptaufgabe oft übernehmen müssen, ist die des Kollegen oder der Kollegin, da nicht alle Führungskräfte vom Gruppendienst freigestellt sind. Die Situation, gleichzeitig Kita-Leitung und direkter Kollege oder direkte Kollegin zu sein, kann herausfordernd sein, bietet aber auch die Möglichkeit, eine positive und effektive Arbeitsbeziehung aufzubauen. Es ist hilfreich, klar zu definieren, wann und aus welcher Rolle agiert wird – wann ist man Führungskraft, wann Kollege oder Kollegin? Regelmäßige Besprechungen in kleinen Teams und der Austausch über Erwartungen, Bedenken und Arbeitsaufteilung können das Risiko von Schwierigkeiten in der Zusammenarbeit verringern.

Es sollte beachtet werden, dass alle aufgeführten Rollen nicht starr sind, sondern flexibel gehandhabt werden müssen. Es kann vorkommen, dass eine Führungskraft mehrere Rollen gleichzeitig ausfüllen und ihr Verhalten an die spezifischen Anforderungen und Herausforderungen ihres Teams und ihrer Kindertagesstätte anpassen muss.

Das persönliche Selbstmanagement wirkt sich auf alle Rollen aus und ist daher von großer Bedeutung. Wenn es gelingt, zu erkennen, welche Rolle erforderlich ist und in welcher Rolle man sich gerade befindet, können Konflikte und Unstimmigkeiten vermieden werden.

Um das Rollenmanagement erfolgreich zu gestalten, können folgende Fragen helfen: Welche Rollen habe ich in der Vergangenheit besonders erfolgreich ausgefüllt? Welche Rollen habe ich bewusst gestaltet? Welchen Rollen habe ich bisher zu wenig Aufmerksamkeit geschenkt? Wo überschneiden sich diese Rollen? Wie gehe ich damit um? Gibt es Mitarbeitende, die von mir bestimmte Rollen erwarten oder akzeptieren? Was benötige ich, um mich in allen Rollen sicher zu bewegen?

Ein hilfreicher Tipp ist, an der Rolle zu arbeiten, die am schwersten fällt und die Aufgaben so zu gestalten, dass die bevorzugte Rolle einbezogen wird. Eine grundlegende Voraussetzung für ein erfolgreiches Rollenmanagement ist auch hier wieder die stetige Selbstreflexion. Regelmäßiges Feedback kann dabei äußerst nützlich sein.

2.6 Situatives Führen

Situatives Führen, auch als situatives Führungsmodell oder situationsabhängiges Führen bezeichnet, ist eine Führungsphilosophie, die von Paul Hersey und Ken Blanchard entwickelt wurde. Das Modell legt den Fokus darauf, dass unterschiedliche Mitarbeitende in verschiedenen Situationen unterschiedliche Führungsansätze benötigen (vgl. Hersey & Blanchard 1977).

Das Modell von Hersey und Blanchard unterscheidet vier grundlegende Führungsstile:

1. *Delegieren* (hohe Kompetenz und hohes Engagement): In Situationen, in denen Mitarbeitende hochqualifiziert und motiviert sind, können Führungskräfte delegieren, indem sie den Mitarbeitenden weitgehend freie Hand lassen, um Aufgaben eigenständig zu erledigen. Die Führungskraft ist in dieser Situation weniger direkt involviert.
2. *Unterstützen* (durchschnittliche Kompetenz und hohes Engagement): Wenn Mitarbeitende motiviert sind, jedoch nicht über ausreichend Erfahrung oder Qualifikationen verfügen, sollte der Führungsstil unterstützend sein. Die Führungskraft bietet Anlei-

tung, Ressourcen und Unterstützung, um den Erfolg der Mitarbeitenden zu gewährleisten.
3. *Anleiten* (durchschnittliche Kompetenz und durchschnittliches Engagement): In Situationen, in denen Mitarbeitende geringe Qualifikationen oder Erfahrungen aufweisen, bedarf es einer klaren und präzisen Anleitung seitens der Führungskraft. Die Führungskraft sollte die Aufgaben detailliert erklären und im engen Kontakt sein, um sicherzustellen, dass die Mitarbeitenden verstehen, was zu tun ist.
4. *Anweisen* (wenig Kompetenz und geringes Engagement): Bei unerfahrenen oder unmotivierten Mitarbeitende sollten Führungskräfte klare Anweisungen geben und die Aufgaben regelmäßig überwachen. Eine strenge Führung kann in diesem Fall angebracht sein.

Situatives Führen ermöglicht es Führungskräften, ihre Führungsmethoden an die individuellen Anforderungen der Mitarbeitende sowie die spezifischen Arbeitsaufgaben anzupassen. Der situative Führungsstil ist aufgrund seiner Flexibilität ein nützliches Modell, das an die individuellen Bedürfnisse und Qualifikationen der Mitarbeitenden sowie an die spezifischen Anforderungen der Aufgabe angepasst werden kann. Der situative Führungsstil kann zu einer effektiveren Führung beitragen, da er eine angemessene Reaktion auf unterschiedliche Situationen ermöglicht. Zudem trägt er zur Mitarbeitendenentwicklung bei, da er die Möglichkeit bietet, die Mitarbeitenden im Ausbau ihrer Fähigkeiten zu unterstützen und zu fördern.

Ein weiterer Vorteil des situativen Führungsstils liegt darin, dass er die Motivation der Mitarbeitenden steigert, da sie das Gefühl haben, dass ihre Bedürfnisse und Fähigkeiten berücksichtigt werden. Zudem ermöglicht er Führungskräften, die Effizienz und Qualität der Arbeitsleistung zu verbessern, indem der passende Führungsstil zur richtigen Zeit angewendet wird.

2.7 Gute Führung heißt gute Selbstführung

Führung erfordert vor allem Selbstführung. Nur wer sich selbst gut führen kann, ist in der Lage, auch andere erfolgreich zu führen. Hierfür ist ein genauer Einblick in die eigene Biografie von Bedeutung. Wie bin ich zu dem Menschen geworden, der ich jetzt bin? Welche Erfahrungen haben mich geprägt? Welche Glaubenssätze habe ich verinnerlicht? Ein Großteil unseres Handelns oder unserer Emotionen resultiert aus unseren Prägungen und Erfahrungen aus der Kindheit. Die Fragen können helfen, die eigene Biografie und das Führungsverhalten besser zu verstehen und zu reflektieren.

Angesichts der zahlreichen täglichen Herausforderungen, denen Kita-Leitungen gegenüberstehen, ist es von Vorteil, bewährte Selbstführungsinstrumente zu nutzen. Dazu gehört unter anderem eine klare Festlegung der eigenen Erreichbarkeit, um Arbeit und Privatleben voneinander zu trennen. So kann ein ausgewogeneres Leben geführt und Burnout vermieden werden. Es ist wichtig, klare Grenzen zwischen beruflicher und persönlicher Zeit zu ziehen und die Erreichbarkeit gegenüber dem Team, dem Träger und Eltern zu kommunizieren. Aufgrund der Corona-Pandemie und der langsamen, aber stetigen Digitalisierung haben sich diese Grenzen etwas verschoben. Eine klare Definition der Erreichbarkeit erfordert eine effektive Selbstorganisation. Das Festlegen von Grenzen für sich selbst und andere kann dazu beitragen, Überlastung zu vermeiden.

Um im Team Sicherheit im Handeln zu vermitteln, ist es hilfreich, einen Notfallplan mit klaren Anweisungen zu haben, wie in verschiedenen Situationen zu handeln ist. Beispielsweise sollten bei Unterbesetzung feste Zuständigkeiten und Ansprechpartner innerhalb des Teams festgelegt werden, um eine reibungslose Arbeitsabwicklung zu gewährleisten.

Neben dem Umgang mit der Zeit ist auch die Selbstfürsorge ein wichtiger Bestandteil des Selbstmanagements. Selbstfürsorge bedeutet, jeden Tag während des Alltags gut auf sich und seine Bedürfnisse zu achten! Inmitten des täglichen Trubels und Stresses in der Kita ist es besonders wertvoll, auf die eigene Gesundheit zu achten. Ausreichend Schlaf, eine ausgewogene Ernährung, regelmäßige körperliche Aktivität sowie bewusste Entspannungsphasen tragen entscheidend dazu bei, Stress zu bewältigen und die Leistungsfähigkeit zu steigern. Empfehlenswert ist es, Stressbewältigungstechniken wie Meditation, Atemübungen und körperliche Aktivitäten in den täglichen Tagesablauf zu integrieren, um besser mit Stress umgehen zu können.

Ein zentraler Schritt zur Verbesserung der Stressbewältigung ist die Selbstreflexion. Eine Idee dafür könnte die Einführung eines Stress-Tagebuchs sein. In diesem sollten zunächst die Faktoren notiert werden, die Stress verursachen, wie z.b. bestimmte Situationen, Personen oder Aktivitäten. Wichtig dabei ist zu ergründen, weshalb diese Stressoren eine besondere Reaktion hervorrufen. Um die eigene Stressreaktion besser zu verstehen, ist genaues Beobachten und Reflektieren wichtig. So lässt sich herausfinden, welche Auswirkungen sie auf die Gesundheit und das Wohlbefinden haben. Bisherige Stressbewältigungsstrategien sollten auf ihren Erfolg hin regelmäßig kritisch überprüft und evaluiert werden.

Eine überlieferte Geschichte, an die es sich lohnt, immer wieder zu erinnern, besagt:

Ein Mönch, der sehr auf sein inneres Leben konzentriert ist, wurde gefragt, wie er trotz seiner vielen Aufgaben immer so ruhig und gesammelt sein kann. Der Mönch antwortete, dass er immer ganz bei dem ist, was er gerade tut. Wenn er steht, dann steht er nur. Wenn er geht, dann geht er nur. Und so weiter.

Die Leute, die ihn fragten, sagten, dass sie das auch tun. Aber der Mönch erklärte ihnen, dass sie das nicht wirklich tun. Wenn sie stehen, denken sie schon ans Gehen. Wenn sie gehen, sind sie gedanklich schon am Ziel. Wenn sie sitzen, wollen sie schon wieder aufstehen. Und so weiter. (überliefert)

2.7 Gute Führung heißt gute Selbstführung

Mit anderen Worten, der Mönch lebt immer im gegenwärtigen Moment und ist immer voll und ganz bei dem, was er gerade tut. Er lässt sich nicht von Gedanken an die Zukunft oder die Vergangenheit ablenken. Die Geschichte vom Mönch kann daran erinnern, auch den Alltag als Kita-Leitung bewusst zu gestalten. Stress entsteht oft durch eine Überlastung der Gedanken und Gefühle, die durch zu viele Aufgaben und Verantwortlichkeiten verursacht wird. Oft sind wir schon auf dem Weg zur Arbeit gedanklich mit den Aufgaben des Tages beschäftigt. Oder wir ärgern uns, dass wir die gestrige Aufgabe nicht vollständig erledigt haben, und sind mit unseren Gedanken nicht mehr im Hier und Jetzt. Die Geschichte vom Mönch zeigt, dass es möglich ist, trotz vieler Aufgaben einen Zustand der Ruhe und Gelassenheit zu bewahren. Dies wird erreicht, indem man sich auf die aktuelle Aufgabe konzentriert und sich nicht durch Gedanken an die Vergangenheit oder Zukunft ablenken lässt.

Dieses Prinzip lässt sich auch auf den Umgang mit Stress übertragen. Anstatt sich von den vielen Aufgaben und Verantwortlichkeiten überwältigen zu lassen, kann man lernen, sich auf eine Aufgabe zu konzentrieren. Indem man seine volle Aufmerksamkeit auf die aktuelle Aufgabe richtet, kann man Stress abbauen und die Aufgabe effizienter erledigen.

Die Geschichte des Mönchs unterstreicht zudem die Bedeutung von Achtsamkeit und Selbstfürsorge. Wer sich Zeit für sich selbst nimmt und auf seine eigenen Bedürfnisse achtet, kann besser mit Stress umgehen und ein ausgeglicheneres Leben führen.

In Zeiten von Krisen und Überforderung wird oft von Resilienz gesprochen, um zu erklären, wie man negative Gefühle überwinden und durchhalten kann. Die Stärkung der Resilienz ist ein kontinuierlicher Prozess, der Zeit und Übung erfordert. Resilienz bedeutet jedoch nicht, dass man nie mit Herausforderungen oder Stress konfrontiert wird, sondern dass man darauf vorbereitet ist, angemessen damit umzugehen. Die Überzeugung, dass man durch eigenes Handeln eine Situation positiv beeinflussen und aktiv zur Lösung von Problemen beitragen kann, ist grundlegend und wertvoll.

Es gibt mehrere äußere Faktoren, die die Resilienz verbessern und die Bewältigung von Herausforderungen und Stresssituationen erleichtern. Zu diesen Faktoren gehören:

- das soziale Netzwerk, einschließlich Partner/Partnerin, Familie und Freunde
- Interessen und Hobbys
- Sexualität
- die Anerkennung und Wertschätzung, die wir von unserem Umfeld erhalten
- sowie positive soziale Interaktionen sind von großer Bedeutung

Innere Faktoren zur Steigerung der Resilienz beziehen sich auf persönliche Eigenschaften, Einstellungen und Fähigkeiten, welche einer Person ermöglichen, stressige Situationen und Krisen besser zu bewältigen.

Innere Ressourcen umfassen:

- ein gesundes Selbstwertgefühl und ein positives Selbstbild
- den Glauben an die eigene Fähigkeit, Probleme zu bewältigen und Ziele zu erreichen
- eigene innere Werte, die Orientierung geben

Diese inneren Faktoren sind oft miteinander verknüpft und können zusammenwirken, um die Widerstandsfähigkeit einer Person gegenüber belastenden Situationen zu stärken. Es ist wichtig zu erwähnen, dass Resilienz erlernt und entwickelt werden kann, auch wenn man in bestimmten Bereichen weniger widerstandsfähig ist.

2.8 Selbstzweifel im Beruf

Der Umgang mit Selbstzweifeln ist für viele Führungskräfte eine Herausforderung. Unsicherheiten können sich negativ auf Arbeitsergebnisse, Wohlbefinden und Selbstvertrauen auswirken. Eine Studie der Bertelsmann Stiftung zeigt, dass etwa 30 % der Führungskräfte in Deutschland an ihrer Rolle und an sich selbst zweifeln (Bertelsmann-Stiftung 2020). Die Studie zeigt, dass es zweifelnde Führungskräfte auf allen Alters-, Erfahrungs- und Hierarchiestufen gibt und Selbstzweifel kein verlässliches Zeichen für mangelnde Führungseignung sind. Oft sind sie das Ergebnis schlechter Bedingungen.

Häufig liegen die Ursachen für Selbstzweifel in negativen Erfahrungen oder Überzeugungen aus der Kindheit oder früheren Situationen begründet. Es ist sinnvoll zu untersuchen, was zu diesen Zweifeln führt und ob sie angemessen sind. Es gibt jedoch Methoden, um diese Selbstzweifel zu überwinden.

Die Konzentration auf Stärken und Erfolge kann sehr hilfreich sein. Eine bewusste Auseinandersetzung mit den eigenen Stärken kann dazu beitragen, dass Führungskräfte authentisch wirken. Ein klares Verständnis der eigenen Rolle und die Überzeugung von der eigenen Eignung als Kita-Leitung können zusätzlich das selbstsichere Auftreten vor dem Team stärken. Zum Beispiel kann eine Auflistung der erreichten Erfolge, Ziele und Situationen, in denen man Anerkennung erfahren hat, als Ressource genutzt werden, um Unsicherheiten zu überwinden. Das Setzen realistischer Ziele ist ein weiterer wichtiger Schritt. Anstatt sich von Selbstzweifeln lähmen zu lassen, kann es hilfreich sein, komplexe Gedanken in kleinere Teile zu zerlegen, um Klarheit zu schaffen. Auch positives Denken gehört zur Selbstfürsorge, während Sorgen, Zweifel und andere negative Gedanken belasten und Energie rauben können. Erfolge, egal wie klein sie auch sein mögen, sollten gefeiert und als Grundlage für größere Herausforderungen genutzt werden.

Wichtig ist aber auch, die eigenen Schwächen zu akzeptieren und aus Fehlern zu lernen. In der Rolle einer Kita-Leitung sind Fehler unvermeidlich. Es ist jedoch wichtig, Fehler als Lernchancen zu betrachten und zu nutzen, um sich zu verbessern.

Eine sehr interessante Methode, um ein umfassendes Bild seiner Fehler und Schwächen zu erhalten, besteht darin, mit verschiedenen Blickwinkeln aus unterschiedlichen Perspektiven zu arbeiten. Dieses Konzept wurde von vielen Denkern und Forschern weiterentwickelt und verfeinert, darunter auch Timothy Gallwey, der die STOP-Methode aus dem nachfolgenden Abschnitt entwickelte (vgl. Gallwey 2012).

Teil 1: Die Rolle des neutralen Beobachters/der neutralen Beobachterin

Eine Möglichkeit hierfür ist die Perspektive des neutralen Beobachters bzw. der neutralen Beobachterin. Er oder sie betrachtet eine Situation objektiv und ohne emotionale Beteiligung. In dieser Rolle versucht man, sich selbst und die Situation aus der Distanz zu betrachten, als ob man eine andere Person wäre. Das kann helfen, eine klarere Sicht auf die Geschehnisse zu bekommen und emotionale Reaktionen zu minimieren.

Durch das Einnehmen dieser Perspektive kann man fundiertere Entscheidungen treffen, wie man am besten vorgeht. Es ermöglicht einem, über die unmittelbare Situation hinauszuschauen und langfristige Lösungen zu finden. Das Einnehmen dieser Perspektive erfordert Übung. Es ist nicht immer einfach, sich von den eigenen Emotionen zu distanzieren. Mit der Zeit kann es zu einer wertvollen Fähigkeit werden, die es ermöglicht, effektiver auf Fehler zu reagieren und aus ihnen zu lernen. Diese Perspektive trägt also dazu bei, Fehler objektiv zu betrachten und emotionale Reaktionen zu minimieren (vgl. Gallwey 2012).

Teil 2: Die Rolle des Kritikers/der Kritikerin

In dieser Rolle geht es darum, konstruktive Kritik an sich selbst zu üben und Lösungen für Probleme zu finden, anstatt sich nur auf die Probleme selbst zu konzentrieren.

Als Kritiker oder Kritikerin analysiert man seine Fehler und überlegt, wie man sie verbessern kann. Dazu stellt man sich Fragen wie: Was hätte ich anders machen können? Was habe ich aus dieser Situation gelernt? Wie kann ich vermeiden, diesen Fehler in Zukunft zu wiederholen? Durch ehrliche Fragen und Antworten können wertvolle Einsichten gewonnen und Wege gefunden werden, um zukünftig bessere Ergebnisse zu erzielen. Es ist dabei wichtig, konstruktiv zu bleiben und sich auf Lernen und Wachstum zu konzentrieren, anstatt sich selbst für Fehler zu bestrafen.

Teil 3: Die Rolle des wohlwollenden Freundes/der wohlwollenden Freundin

In dieser Rolle geht es darum, sich selbst gegenüber nachsichtig zu sein und aus Fehlern zu lernen, anstatt sich dafür zu bestrafen. Ein wohlwollender Freund bzw. eine wohlwollende Freundin ist jemand, der Verständnis und Mitgefühl zeigt, auch wenn Fehler gemacht werden. In dieser Rolle behandelt man sich selbst mit der gleichen Freundlichkeit und dem gleichen Verständnis, wie man es bei einem guten Freund/einer guten Freundin tun würde. Es ist wichtig anzuerkennen, dass Fehler menschlich sind und dass es darauf ankommt, aus ihnen zu lernen, um weiterzukommen. Indem man diese Perspektive einnimmt, kann man eine positive Einstellung zu Fehlern entwickeln und sie als Teil des Lernprozesses betrachten.

3 Tipps für den beruflichen Alltag

Der folgende Abschnitt konzentriert sich auf praktische Alltagstipps. Diese Tipps sollen dabei helfen, Stresssituationen besser zu bewältigen. Sie sind darauf ausgerichtet, konkrete Tools an die Hand zu geben, um ein effektiveres Selbstmanagement zu erreichen.

3.1 Das Eisenhower-Prinzip

Die Fähigkeit, unterschiedliche Aufgaben nach ihrer Dringlichkeit und Wichtigkeit zu sortieren, ist entscheidend. Um effektiv zu sein, sollte sich regelmäßig Zeit genommen werden, um die eigenen Ziele zu überdenken und sicherzustellen, dass sich die Energie auf die Vorhaben konzentriert, die den größten Einfluss auf den Erfolg haben.

Eine Methode, die sich dafür eignet, ist das »Eisenhower-Prinzip« (vgl. BWL-Lexikon.de o.J.). Dabei handelt es sich um eine Methode aus dem Zeitmanagement, mit der wichtige und dringende Aufgaben von unwichtigen und nicht dringenden Aufgaben unterschieden werden. Es ist nach dem amerikanischen General und späteren US-Präsidenten Dwight D. Eisenhower benannt.

Die Methode basiert auf einer Matrix mit vier Quadranten, welche sich aus den Kriterien Wichtigkeit (wichtig/nicht wichtig) und Dringlichkeit (dringend/nicht dringend) ergeben. Die anstehenden Aufgaben werden in diese vier Kategorien eingeteilt und entsprechend behandelt.

3.1 Das Eisenhower-Prinzip

WICHTIG & NICHT DRINGEND	WICHTIG & DRINGEND
TERMINIEREN	SOFORT SELBST ERLEDIGEN
NICHT DRINGEND & NICHT WICHTIG	**DRINGEND & NICHT WICHTIG**
NICHT BEARBEITEN	DELEGIEREN

Abb. 5: Das Eisenhower-Prinzip

- *A-Aufgaben:* dringend und wichtig. Diese Aufgaben haben höchste Priorität und sollten sofort selbst erledigt werden.
- *B-Aufgaben:* wichtig, aber nicht dringend. Diese Aufgaben sind langfristige Ziele, die terminiert und selbst erledigt werden sollten.

- *C-Aufgaben:* dringend, aber nicht wichtig. Diese Aufgaben können (an Mitarbeitende) delegiert werden.
- *D-Aufgaben:* nicht dringend und nicht wichtig. Diese Aufgaben können ignoriert oder eliminiert werden.

Daraus kann man sich einen nützlichen Wochenplan erstellen (▶ Abb. 6).

Wochenplaner für die Woche:

Montag

wichtig & dringend

Dienstag

Mittwoch

wichtig & nicht dringend

Donnerstag

zu delegieren

Freitag

Abb. 6: Wochenplan (eigene Darstellung)

3.3 Das Pareto-Prinzip

Eine weitere Möglichkeit der Beurteilung und Einteilung von Aufgaben stellt das Pareto-Prinzip dar (▶ Abb. 7), auch bekannt als das 80/20-Prinzip, dar. Die Regel besagt, dass mit 20 % des Aufwands 80 % der Ergebnisse erzielt werden können. Das bedeutet, dass bereits mit geringem Aufwand viel erreicht werden kann, aber für die restlichen 20 % der Ergebnisse wesentlich mehr Arbeit erforderlich ist.

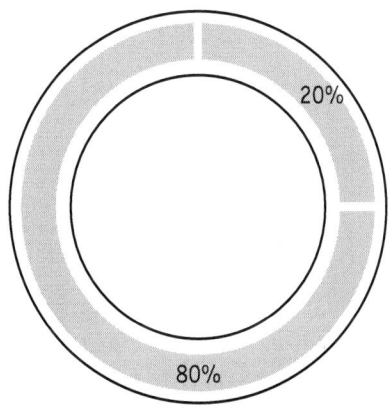

Abb. 7: Das Pareto-Prinzip

Für die täglichen Aufgaben in der Kita bedeutet das, die Zeit und Ressourcen auf diejenigen Aufgaben zu konzentrieren, die den größten Nutzen bringen. Es sollte vermieden werden, sich in unwichtigen oder weniger produktiven Aufgaben zu verlieren. Welche 20 % der Aufgaben oder Ziele erbringen 80 % der Ergebnisse? Diese Aufgaben sollten prioritär behandelt werden.

Das Pareto-Prinzip findet in diversen Bereichen wie Zeitmanagement, Marketing, Produktivität und Qualitätssicherung Anwendung. Einige Beispiele für das Pareto-Prinzip wären:

- Etwa 80 % der Nachrichten, die Sie auf WhatsApp versenden, gehen an 20 % Ihrer Kontakte.
- An 80 % der Tage tragen Sie nur 20 % Ihrer Kleider.
- In einem Unternehmen sind 20 % der Vertriebsmitarbeitenden für 80 % des Umsatzes verantwortlich.

Das Pareto-Prinzip kann dabei helfen, wichtige von unwichtigen Dingen zu unterscheiden und den Fokus auf diejenigen Dinge oder Aufgaben zu legen, die den größten Nutzen bringen. Es sollte jedoch nicht als starre Regel betrachtet werden, sondern als eine Orientierungshilfe, die je nach Situation angepasst werden kann.

3.4 Pausen einplanen

»Nichts bringt uns auf unserem Weg besser voran als eine Pause.«
(Elizabeth Barrett Browning)

Dauerhaftes Arbeiten ohne Unterbrechung kann zur Erschöpfung führen. Um die Energie und Kreativität aufrechtzuerhalten, sollten daher regelmäßige Pausen eingeplant werden. Kurze Entspannungsmomente können die Produktivität steigern. Für eine höhere Verbindlichkeit und Transparenz im Team können in einem elektronischen Kalender feste Pausenzeiten blockiert werden. Pausen tragen zur Gesundheit und zum Wohlbefinden bei und sollten bewusst genutzt werden. Eine gute Pause kann individuell sehr unterschiedlich aussehen. Während manche Menschen es bevorzugen, allein zu sein, entspannen andere sich leichter in Gesellschaft. Wichtig ist der Hinweis auf das Arbeitszeitgesetz (ArbZG), das besagt, dass ab einer Arbeitszeit von 6 Stunden eine Pause von 30 Minuten gemacht werden muss und ab einer Arbeitszeit von 9 Stunden 45 Minuten Pause vorgeschrieben sind. Eine Pause muss nicht am Stück genommen werden, aber ein Pausenblock muss mindestens 15 Minuten dauern, um als Pause zu zählen. Führungskräfte haben eine wichtige Rolle als Vorbilder und eine aktiv gelebte Pausenkultur vermittelt eine klare Botschaft: Pausen sind von großer Bedeutung für die Gesundheit und Leistungsfähigkeit.

3.5 Die STOP-Methode

Die STOP-Methode kann in stressigen oder konfliktreichen Situationen hilfreich sein. Timothy Gallwey hat diese Technik in den 1970er Jahren entwickelt. Sie wird häufig in Coaching- und Beratungssituationen eingesetzt, um aus festgefahrenen Situationen herauszukommen und die Situation aus verschiedenen Perspektiven zu betrachten. Dabei geht es darum, einen Schritt zurückzutreten und einen Moment innezuhalten.

Sie besteht aus vier aufeinanderfolgenden Schritten:

1. S – *Step back (Innehalten)*: Der erste Schritt besteht darin, einen Moment innezuhalten und sich gedanklich von der aktuellen Situation zu distanzieren. Dies kann helfen, einen klareren Blick auf das Geschehen zu bekommen.
2. T – *Think (Nachdenken)*: Im nächsten Schritt geht es darum, über die Situation nachzudenken und sich Fragen zu stellen, wie: Was passiert gerade? Wie fühle ich mich dabei? Was möchte ich erreichen?
3. O – *Organize your thoughts and options (Gedanken sortieren und Optionen bedenken)*: Nachdem Sie über die Situation nachgedacht haben, sollten Sie Ihre Gedanken sortieren und mögliche Handlungsoptionen in Betracht ziehen. Was sind die Vor- und Nachteile jeder Option? Was wäre das beste Vorgehen?

4. *P – Proceed (Weitermachen):* Nachdem die Gedanken geordnet und die Optionen abgewogen sind, kann man mit einer klaren Vorstellung davon, was als Nächstes zu tun ist, fortfahren.

Die STOP-Methode kann in stressigen Situationen dazu beitragen, Ruhe zu bewahren. Sie kann ebenso in herausfordernden Gesprächen (auch ▶ Kap. 5) genutzt werden.

3.6 Auch mal schlecht gelaunt sein oder weniger arbeiten

Es ist in Ordnung, gelegentlich schlecht gelaunt oder weniger produktiv zu sein. Wichtig ist, sich selbst zu akzeptieren und nicht zu streng mit sich ins Gericht zu gehen. Das ist möglicherweise eine der schwierigsten Aufgaben – denn die Ansprüche an sich selbst sind oft sehr hoch. Eine Frage, die man sich immer wieder stellen kann: Sind diese Ansprüche gerechtfertigt oder zu hoch?

Der Fünf-Minuten-Trick: Wenn man vor einer Aufgabe zurückschreckt, könnte es zunächst hilfreich sein, es nur für fünf Minuten zu versuchen. Oft findet man nach diesem kurzen Anfangsimpuls die Motivation, die Aufgabe weiterzuführen.

Überfordert? Wie ist es schaffbar? Bei Überforderung ist es ratsam, sich Zeit zu nehmen, um Prioritäten zu überprüfen. Es kann hilfreich sein, Aufgaben zu delegieren, Unterstützung zu suchen und große Aufgaben in kleinere Teile herunterzubrechen.

Unterfordert? Wie wird es interessant? Im Falle von Unterforderung können Möglichkeiten zur Weiterentwicklung der eigenen Fähigkeiten gesucht werden. Sich selbst herauszufordern kann dazu beitragen, das Interesse und Engagement zu steigern.

4 Führung von Mitarbeitenden

4.1 Aufbau einer wertschätzenden Teamkultur

Führung ist eine komplexe und anspruchsvolle Aufgabe, welche mit Verantwortung verbunden ist und auch Herausforderungen mit sich bringt. Ihr Ziel ist es, das Verhalten von Menschen zu lenken und zu beeinflussen, um gemeinsam gesteckte Ziele zu erreichen. Eine Kita-Leitung muss dabei nicht nur die Leistung und Zufriedenheit ihrer Mitarbeitenden fördern und begleiten, sondern auch die Vision der Einrichtung vertreten. Um dieser Aufgabe gerecht zu werden und erfolgreich zu sein, sind sowohl fachliche als auch soziale Kompetenzen unerlässlich und müssen stetig weiterentwickelt werden.

Um ein Team gut führen zu können ist es wertvoll psychologisches Hintergrundwissen zu haben, um zu verstehen, wie Teams funktionieren.

Die Führungskraft ist für ihr Team und die Kita verantwortlich. Eine positive Teamkultur zu schaffen ist daher von entscheidender Bedeutung. Als Kita-Leitung tragen Sie eine besondere Verantwortung, eine positive Kultur zu etablieren und zu pflegen. Denn eine starke Teamkultur fördert die Zusammenarbeit, das Engagement und die Zufriedenheit der Mitarbeitenden. Dies hat unmittelbare Auswirkungen auf die Qualität der Betreuung und Bildung der Kinder. Kommunikative Kompetenzen und menschliche Faktoren spielen dabei eine zentrale Rolle.

Hier sind einige Impulse:

- Eine erfolgreiche Teamkultur beginnt mit klar definierten Zielen und gemeinsamen Werten. Dieser Prozess bietet die Chance, gleichzeitig eine gemeinsame Konfliktkultur zu etablieren.

- Gemeinsam im Team werden die Vision der Kita und die gemeinsamen Werte, für die die Einrichtung steht, festgelegt. Durch diese Maßnahme wird die Eigenverantwortung durch gezielte Orientierung gefördert und die Identifikation mit der Kita sowie die Motivation der Mitarbeitenden gestärkt. Dies erfordert einen partizipativen Ansatz, der alle Teammitglieder einbezieht, um gemeinsam die Vision und die Werte der pädagogischen Einrichtung zu entwickeln. Dieser Prozess bietet Orientierung und sichert einen angemessenen Handlungsspielraum für die Mitarbeitenden.
- Zur Initiierung dieses Prozesses können gemeinsame pädagogische Tage (Klausurtage, Konzeptionstage) genutzt werden, in denen die Teammitglieder ihre Vorstellungen und Grundwerte für die pädagogische Arbeit mit den Kindern formulieren, sich über die Zusammenarbeit im Team und die Weiterentwicklung der Einrichtung austauschen. Dabei ist es wichtig, Offenheit und Kreativität zu fördern. Der Kita-Leitung kommt dabei eine besonders wichtige Rolle zu, da sie sowohl die möglichen Wünsche und Vorgaben des Trägers als auch die Ideen und Wünsche des Teams umsetzen muss.
- In diesem Prozess ist es wertvoll, die Meinungen und Ideen der Kinder und Eltern einzubeziehen. Dazu eignen sich Kinderkonferenzen, Befragungen, Gespräche oder Elternabende. Sind Vision und Werte festgelegt, müssen sie aktiv und nachhaltig in den pädagogischen Alltag integriert und gelebt werden.
- In regelmäßigen Abständen sollten die Werte und ihre Umsetzung überprüft und gegebenenfalls an veränderte Rahmenbedingungen angepasst werden.

Wie erreicht man ein gut funktionierendes Team, das effektiv zusammenarbeitet und wie verläuft die Teamentwicklung?

4.2 Phasen der Teamentwicklung

Die Zusammenarbeit in einem Team kann in verschiedene Phasen unterteilt werden. Die Bezeichnungen und die Anzahl der Phasen variieren je nach Quelle. Eine weit verbreitete Modellierung dieser Phasen stammt von Bruce Tuckman und wird als »Tuckman's Phases of Group Development« bezeichnet (vgl. Tuckman 1965; ▶ Abb. 8). Die Phasen sind:

Forming / Orientierungsphase

Storming / Konfrontationsphase

Norming / Kooperationsphase

Performing / Wachstumsphase

Adjourning / Auflösungsphase

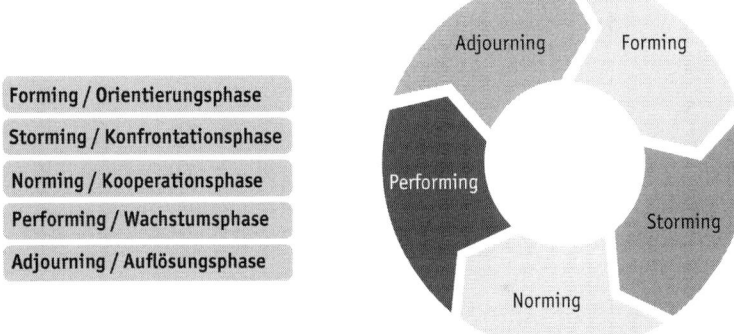

Abb. 8: Die Phasen der Teamentwicklung nach Tuckman

1. *Forming (Orientierungsphase):* In dieser Phase lernen die Teammitglieder einander kennen und es gibt oft Unsicherheit darüber, wie sie zusammenarbeiten sollen. Hier ist die Rolle der Führungskraft besonders wichtig, um die Ziele und Aufgaben des Teams zu klären.
2. *Storming (Konfliktphase):* In dieser Phase können Konflikte und Meinungsverschiedenheiten zwischen den Teammitgliedern entstehen, während sie ihre Rollen und Positionen im Team finden. Unterschiedliche Ideen und Persönlichkeiten können aufeinandertreffen. Eine Bewältigung dieser Phase ist von großer Bedeu-

tung, um das Team erfolgreich in eine produktivere Phase zu führen.
3. *Norming (Arbeitsphase)*: In dieser Phase beginnt das Team, Normen und Regeln für die Zusammenarbeit zu entwickeln. Die Konflikte aus der vorherigen Phase werden gelöst, und die Teammitglieder arbeiten besser miteinander. Es entstehen klare Erwartungen und Vertrauen innerhalb des Teams.
4. *Performing (Arbeitsphase)*: In dieser Phase ist das Team hochproduktiv. Die Teammitglieder arbeiten effizient zusammen und nutzen ihre individuellen Stärken, um die Ziele zu erreichen. Das Team ist gut koordiniert und autonom.
5. *Adjourning (Auflösungsphase)*: Diese Phase beginnt, wenn das Team seine Ziele erreicht hat oder auseinandergeht. Teammitglieder können Trauer oder Unsicherheit darüber empfinden, was als Nächstes kommt.

Die Entwicklung eines Teams erfordert Zeit. Meier schreibt über Teamarbeit: »Wenn Menschen zusammenarbeiten, bildet sich fast automatisch eine Struktur heraus, die im Einzelnen sehr unterschiedlich sein kann. Immer aber bedarf es Zeit, damit sich eine solche Struktur herausbildet.« (Meier 2012, S. 19). Die Entwicklung eines Teams ist ein fortlaufender Prozess, der viel Geduld und Unterstützung erfordert. Es ist von Vorteil, die verschiedenen Phasen eines Teams zu kennen, um es durch diese Entwicklung zu begleiten und sicherzustellen, dass es effektiv arbeiten kann. Daher werden diese Phasen im Folgenden näher betrachtet. Es ist wichtig zu beachten, dass Teams diese Phasen nicht immer in einer linearen Abfolge durchlaufen. Je nach den Umständen und der Dynamik im Team kann es vorkommen, dass ein Team zurückfällt, in einer Phase stecken bleibt oder Phasen überspringt.

In jeder Phase existieren spezielle Herausforderungen und Chancen, bei denen die Führungskraft das Team unterstützen und fördern kann.

4.2 Phasen der Teamentwicklung

Hier sind einige Tipps für die jeweilige Phase, wie diese Phasen begleitet werden können:

- *Forming:* In dieser Phase lernen sich die Teammitglieder zuerst kennen und orientieren sich an ihren Aufgaben und den Erwartungen. In dieser Phase erarbeiten die Teammitglieder gemeinsame Regeln, Werte und Normen für die Zusammenarbeit. Die Führungskraft sollte hier die Teamkultur stärken, Wertschätzung zeigen und die Eigenverantwortung der einzelnen Teammitglieder erhöhen. Sie sollte hier eine klare Vision und Ziele für und mit dem Team erarbeiten, kommunizieren und Vertrauen aufbauen. Wichtig ist außerdem, Schnittstellen, Aufgaben, Ansprechpartner und Verantwortlichkeiten klar zu klären.
Genauso wichtig ist es, gemeinsam Teamregeln zu erarbeiten und zu vereinbaren. Als Führungskraft sollte man zunächst den Rahmen vorgeben, denn die Teammitglieder brauchen besonders anfänglich klare Strukturen zur Orientierung. Diese bilden den Rahmen, innerhalb dessen sie effektiv arbeiten können (z. B. Email- und Telefon-»Netiquette«, Absprachen über die Erreichbarkeit, welche Rituale als Team gepflegt werden sollen, »Hol- und Bringschuld« von Informationen).
- *Storming:* In dieser Phase treten Konflikte, Meinungsverschiedenheiten und Widerstände auf, da die Teammitglieder ihre Positionen und Meinungen ausdrücken. Meier (in Meier, Laufer, Hofmann 2015, S. 23) schreibt dazu: »In dieser Konfrontationsphase finden sich oft Auseinandersetzungen um die Sache. Hinter diesen Kontroversen verbergen sich vielfach Probleme auf der Beziehungsebene und nicht selten Kämpfe um Macht, Anerkennung und Rollen.« Die Führungskraft sollte hier einen offenen Dialog fördern, konstruktives Feedback (▶ Kap. 4.1) geben und vermitteln, wenn es notwendig ist. Hier ist es bedeutend, die Einhaltung der Regeln für die Zusammenarbeit zu verfolgen und die Diskussionen lösungsorientiert führen. Insbesondere in dieser Phase können klare Ziele, Vereinbarungen und festgelegte Regeln für den Umgang miteinander hilfreich sein.

4 Führung von Mitarbeitenden

»Wir sehen die Dinge nicht, wie sie sind. Wir sehen sie so, wie wir sind.«
(Talmud)

Wie kann eine Führungskraft ihr Team in den Phasen gut begleiten:

- *Norming:* In dieser Phase erarbeiten die Teammitglieder gemeinsame Regeln, Werte und Normen für die Zusammenarbeit. Die Führungskraft sollte hier die Teamkultur stärken, Wertschätzung zeigen und die Eigenverantwortung der einzelnen Teammitglieder erhöhen. In dieser Phase entsteht ein Gemeinschaftsgefühl innerhalb des Teams.
- *Performing:* In dieser Phase arbeitet das Team daran, die Ziele zu erreichen. Die Führungskraft sollte das Team regelmäßig unterstützen, motivieren und konstruktives Feedback geben.
- *Adjourning:* In dieser Phase bricht das Team auseinander. Die Führungskraft sollte das Team würdigen und Erfolge feiern. Eine gute Zusammenarbeit erfordert Zeit für Reflexion, um Raum für Teamreflexion und den gemeinsamen Austausch über die pädagogische Arbeit zu schaffen. Das fördert das Lernen und die kontinuierliche Verbesserung innerhalb des Teams.

In allen Phasen ist es erforderlich, das Team gut zu begleiten. Die Verfolgung von gemeinsamen Visionen und Zielen, eine klare Kommunikation und das Feiern von Erfolgen tragen zu einer guten Teamkultur bei. Eine positive Teamkultur in der Kindertagesstätte erfordert Zeit, Geduld und Engagement der Kita-Leitung. Die Schaffung und Aufrechterhaltung einer solchen Kultur ist ein kontinuierlicher Prozess. Die Bemühungen, eine solche Kultur zu entwickeln und aufrechtzuerhalten, tragen nicht nur zur Zufriedenheit des Teams bei, sondern verbessern auch die Entwicklung und das Wohlbefinden der Kinder und ihrer Familien.

4.3 Die Maslowsche Bedürfnispyramide

»*Der Mensch ist ein soziales Tier und Arbeit kann als eine sehr gute Quelle der Interaktion dienen.*«
(Aristoteles)

Die Maslowsche Bedürfnis-Pyramide zeigt in aufsteigender Folge, welche Bedürfnisse Menschen haben (vgl. 50 Minutes 2018).

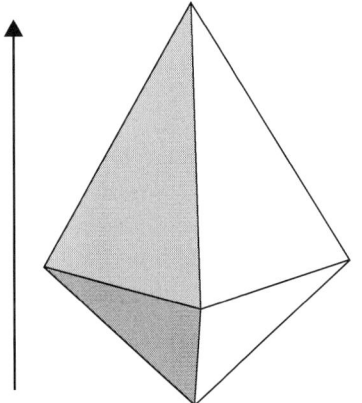

Selbstverwirklichung
Anerkennung und Wertschätzung
Sozialbedürfnis/Zugehörigkeit
Sicherheit
Grund- oder Existenzbedürfnisse

Abb. 9: Maslowsche Bedürfnispyramide (eigene Darstellung)

- Zu den *Grundbedürfnissen* zählt Maslow alle Bedürfnisse, die zum Erhalt des menschlichen Lebens erforderlich sind, wie z.b. Atmung, Wasser, Nahrung oder Schlaf.
- Neben der *Existenzsicherung* in Form von Geld/Lohn, einem sicheren Arbeitsplatz, der Einbindung in eine Gruppe bzw. ein Team suchen Mitarbeitende auch nach Anerkennung/Wertschätzung und persönlicher Weiterentwicklung.
- Das *Sicherheitsbedürfnis* wird durch das Angebot eines sicheren und gesunden Arbeitsplatzes unterstützt.

- Zu dem *Sozialbedürfnis* gehören neben der Einbindung in ein Team auch die Kommunikation und der soziale Austausch.

Die Kita kann auf dieses Bedürfnis eingehen, indem sie gute Bedingungen für eine ausgewogene Work-Life-Balance schafft, z.b. durch Teilzeitmodelle, damit der Mitarbeitende Zeit für soziale Kontakte und Familie hat.

Um dem *Bedürfnis nach Anerkennung und Wertschätzung* gerecht zu werden, muss die Führungskraft ehrliche Anerkennung zeigen und individuelles Feedback zu Arbeitsergebnissen geben. Eine weitere Möglichkeit ist, den Mitarbeitenden Unterstützung anzubieten und als Ansprechpartnerin bzw. Ansprechpartner in herausfordernden Situationen zur Seite zu stehen (bspw. den Mitarbeitenden bei schwierigen Elterngesprächen begleiten).

Die *Selbstverwirklichung* ist das höchste Bedürfnis und bezieht sich auf das Streben des Mitarbeitenden, sich selbst zu verwirklichen und sein volles Potenzial auszuschöpfen. Die Führungskraft kann auch zur Selbstverwirklichung des Mitarbeitenden beitragen, indem sie Weiterbildungswünsche unterstützt und dem Mitarbeitenden hilft, seine Stärken zu entdecken und schwierige Situationen zu meistern.

4.4 Veränderungsmanagement und Umgang mit Widerstand im Team

Im vorherigen Abschnitt wurde auf die Bedeutung des Sicherheitsaspektes für Mitarbeitende eingegangen. Dieser Abschnitt konzentriert sich auf das Verständnis und die Bewältigung von Widerstand gegen Veränderungen innerhalb eines Kita-Teams. Der Widerstand ist eine natürliche Reaktion auf Veränderungen und kann sich in verschiedenen Formen zeigen, von offener Ablehnung bis hin zu subtiler Passivität. Es ist wichtig, diese Anzeichen zu erkennen und zu

4.4 Veränderungsmanagement und Umgang mit Widerstand im Team

verstehen, um effektive Strategien zur Bewältigung von Widerstand zu entwickeln.

Veränderungen können Ängste auslösen, da sie oft mit Unsicherheit und Unvorhersehbarkeit verbunden sind. Menschen fühlen sich in bekannten Situationen und Routinen wohler. Wenn sich diese verändern, kann das Gefühl von Sicherheit und Kontrolle verloren gehen.

Veränderungen, z.B. durch eine neue Kita-Leitung oder Anpassungen der Konzeption der Kita, führen oft zu neuen und unbekannten Situationen. Das kann beängstigend sein, da nicht klar ist, was erwartet wird und wie damit umgegangen werden soll. Veränderungen können dazu führen, dass etwas verloren geht, das für ein Team oder ein Teammitglied wichtig ist, wie z.B. die gewohnte Arbeitsweise, die Rolle im Team oder der Status. Bei Veränderungen besteht auch immer das Risiko, dass etwas schiefgeht. Daher können diese Unsicherheiten dazu führen, dass Veränderungen abgelehnt werden. Veränderungen erfordern oft zusätzliche Anstrengungen, z.B. um neue Fähigkeiten zu erlernen oder sich an neue Abläufe anzupassen. Auch das kann als belastend empfunden werden.

»Veränderung geschieht leichter, wenn Menschen sich wertgeschätzt fühlen.«
(unbekannt)

Um diese Ängste oder Sorgen zu überwinden, ist es wichtig, Veränderungen offen und transparent zu kommunizieren, Betroffene in den Veränderungsprozess einzubeziehen und Unterstützung anzubieten. So kann ein positives Klima für Veränderungen geschaffen werden.

Durch regelmäßige Diskussionen und einen Informationsaustausch können Missverständnisse und Ängste, die oft den Widerstand verursachen, abgebaut werden. Darüber hinaus kann die Beteiligung des Teams an Veränderungsprozessen das Gefühl der Eigenverantwortung stärken und die Akzeptanz von Veränderungen fördern. Schulungen und Weiterbildungen können ebenfalls dazu beitragen, das Vertrauen des Teams in die Fähigkeiten seiner Mitglieder zu stärken und ihre Bereitschaft zur Anpassung an Veränderungen zu erhöhen.

4.5 Das PERMA-Modell

Das PERMA-Modell wurde von Martin Seligman entwickelt. PERMA ist ein Akronym für die fünf Elemente, die laut der Positiven Psychologie zu einem dauerhaften Wohlbefinden beitragen (vgl. Seligman 2012). Diese sind:

- *Positive Emotionen (P):* das Erleben von Freude, Dankbarkeit, Liebe und anderen positiven Gefühlen
- *Engagement (E):* das Eintauchen in eine Tätigkeit, die einen herausfordert und begeistert, auch bekannt als Flow
- *Beziehungen (R):* das Pflegen von vertrauensvollen und unterstützenden Beziehungen zu anderen Menschen
- *Sinn (M):* das Verfolgen eines höheren Ziels oder einer höheren Sache, die dem eigenen Leben Bedeutung gibt
- *Leistung (A):* das Erreichen von Zielen und das Erleben von Erfolg und Kompetenz

Aber wie wirkt sich das auf das Führungsverhalten aus? Das PERMA-Modell kann auf die Arbeitsebene übertragen werden, indem diese Elemente in der Führungskultur und im Arbeitsumfeld gefördert werden. PERMA-Lead orientiert sich am Modell von Seligman (vgl. Ebner 2019) und kann als Leitfaden für eine positive und leistungsfördernde Unternehmenskultur dienen. PERMA-Lead ist ein Führungsansatz, der auf der Positiven Psychologie basiert. Er wurde von Markus Ebner entwickelt, um das Wohlbefinden und die Leistungsfähigkeit von Mitarbeitenden zu steigern.

Zum Beispiel kann man

- positive Emotionen erzeugen, indem man eine wertschätzende Atmosphäre schafft, Erfolge anerkennt, Lob ausspricht und Humor einfließen lässt;
- Engagement fördern, indem den Mitarbeitenden sinnvolle und herausfordernde Aufgaben zugewiesen werden, die ihren Stärken und Interessen entsprechen, und ihnen Feedback und Unterstützung geben;
- Beziehungen stärken, durch offene Kommunikation, Förderung der Zusammenarbeit sowie Anerkennung und Respekt der Vielfalt;
- Sinnstiftung durch eine klare Vision der Arbeit, die Vermittlung der Werte und Ziele der Kita und die Einbeziehung der Mitarbeitenden in die Entscheidungsfindung;
- Leistung ermöglichen, indem man realistische und messbare Ziele setzt, Fortschritte überprüft und erreichte Meilensteine feiert.

4.6 Die fünf Dysfunktionen eines Teams

Patrick Lencioni hat mit den »5 Dysfunktionen eines Teams« ein simples Modell zur Team-Analyse geliefert. Das Modell wurde von ihm in seinem Buch »The Five Dysfunctions of a Team« aus dem Jahr 2002 vorgestellt und hat seitdem in der Welt des Managements und der Organisationsentwicklung große Aufmerksamkeit erfahren (Lencioni 2002). Lencioni ist ein renommierter Managementberater und Autor, der sich auf Führung und Teamdynamik spezialisiert hat. Er zeigt auf, wie diese die Effektivität von Teams beeinflussen können. Lencioni argumentiert, dass die Identifizierung und Bewältigung dieser Dysfunktionen entscheidend für den Aufbau erfolgreicher und effizienter Teams sind. Das Modell hat sich in der Praxis bewährt und wird oft in Unternehmen und Organisationen eingesetzt, um Teamprobleme zu analysieren und zu lösen. Die Lencioni-Prinzipien werden verwendet, um die Teamleistung zu verbessern und eine gesunde Dynamik im Team zu fördern.

Dysfunktionen können die Effektivität eines Teams beeinträchtigen. Lencioni argumentiert, dass diese Dysfunktionen miteinander verbunden sind und in einer bestimmten Reihenfolge behandelt werden sollten. Vertrauensaufbau bildet die Grundlage, auf der die anderen Dysfunktionen aufbauen. Die Identifizierung und Bewältigung dieser Dysfunktionen können dazu beitragen, die Zusammenarbeit und Effektivität von Teams verbessern.

Tab. 3: Bewältigung von Dysfunktionen

Dysfunktion	Funktion	Vorgehen
Fehlendes Vertrauen Die Grundlage für ein funktionierendes Team ist gegenseitiges Vertrauen. Ohne Vertrauen fühlen sich die Teammitglieder unsicher, ihre Ideen zu teilen oder ihre Schwächen zuzugeben. Die Teammitglieder verbergen ihre Schwächen, Fehler und Meinungen vor den Anderen. Dies behindert eine offene Kommunikation und Zusammenarbeit.	Vertrauen	Anstatt sich auf das Fehlen von Vertrauen zu konzentrieren, sollte man aktiv daran arbeiten, das Vertrauen im Team zu stärken. Hierfür bieten sich gezielte Teamübungen, eine offene Kommunikation und die Förderung von zwischenmenschlichen Beziehungen an.
Scheu vor Konflikten Gesunde Teams sollten in der Lage sein, Konflikte konstruktiv zu diskutieren und zu lösen. Es ist wichtig, dass Teammitglieder offene und ehrliche Diskussionen führen, anstatt nach künstlicher Harmonie zu streben. Wenn Konflikte vermieden werden, um Konfrontationen zu vermeiden, bleiben wichtige Themen unausgesprochen, was zu ineffektiven Entscheidungen führt.	Konfliktbereitschaft, konstruktiver Umgang mit Konflikten	Statt Konflikte zu vermeiden, sollten offen geführte Diskussionen und konstruktive Auseinandersetzungen befördert werden. Konflikte sollten als eine Möglichkeit betrachtet werden, verschiedene Perspektiven zu beleuchten und so zu besseren Lösungen zu gelangen.

Tab. 3: Bewältigung von Dysfunktionen – Fortsetzung

Dysfunktion	Funktion	Vorgehen
Fehlendes Engagement Wenn Konflikte vermieden werden, führt dies oft zu einem Mangel an Engagement in Bezug auf die getroffenen Entscheidungen. Teammitglieder fühlen sich nicht verpflichtet, die Entscheidungen zu unterstützen, an denen sie nicht aktiv beteiligt waren.	Bekenntnis zur gemeinsamen Sache	Die Verantwortung im Team gilt es zu fördern. Statt subjektiver Bewertungen sollen die Teammitglieder ermutigt werden, sich aktiv an Entscheidungen zu beteiligen und sich für gemeinsame Ziele zu engagieren. Dazu zählen das Klären von Erwartungen und die Schaffung eines Umfeldes, in dem alle ihre Meinungen äußern können.
Scheu vor Verantwortung Mangelndes Engagement führt zu einem Mangel an Verantwortung. Teammitglieder scheuen die Verantwortung für die Umsetzung von Entscheidungen und neigen dazu, Schuld auf andere zu schieben, wenn Dinge schiefgehen.	Gegenseitige Verantwortlichkeit	Teammitglieder sollten Verantwortung für ihre Aufgaben und die Umsetzung von Entscheidungen übernehmen. Eine klare Zuweisung von Rollen und Verantwortlichkeiten/Zuständigkeiten unterstützt dabei.
Fehlende Ergebnis-Orientierung Die Teammitglieder stellen ihre eigenen Interessen über die des Teams und der Kita. Letztendlich sollte ein Team darauf abzielen, gemeinsame Ziele und Ergebnisse zu erzielen. Wenn die bereits vorhandenen Dysfunktionen nicht angegangen werden, wird die Fokussierung auf die Ergebnisse behindert, da Konflikte, mangelnde Verantwortung und geringes Engagement die Aufmerksamkeit auf sich ziehen.	Gemeinsame Ziele und Funktionen	Es ist wichtig sicherzustellen, dass das Team klare und präzise Ziele und Meilensteine hat. Die gemeinsame Arbeit der Teammitglieder an diesen Zielen und die Überwachung des Fortschritts sind von Bedeutung.

Die Kopfstandmethode (▶ Kap. 5) ist eine kreative Herangehensweise, um die Dysfunktionen eines Teams in erfolgreiche Funktionen umzuwandeln. Sie erfordert ein Umdenken und die Umkehrung der negativen Faktoren. Die Kopfstandmethode kann wie in Abbildung 10 (▶ Abb. 10) angewendet werden, um aus den Dysfunktionen positive Teamfunktionen zu schaffen.

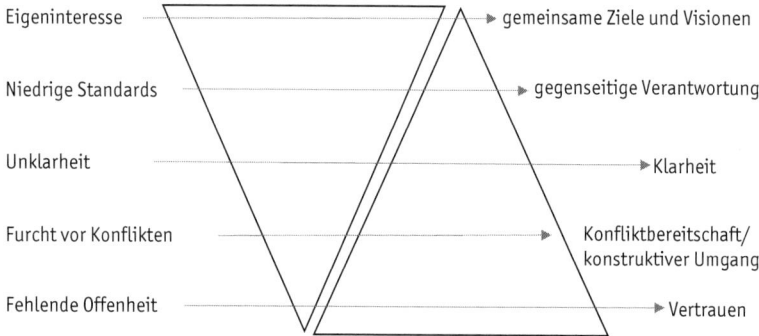

Abb. 10: Anwendung der Kopfstandmethode (eigene Darstellung)

4.7 Einarbeitung neuer pädagogischer Fachkräfte

Eine gute Einarbeitung soll auch neue Mitarbeitende bestmöglich in die Teamkultur und den pädagogischen Arbeitsalltag integrieren. Die Einarbeitung ist von entscheidender Bedeutung, um sicherzustellen, dass Mitarbeitende erfolgreich in ihre Rolle integriert werden (vgl. Laufer 2021). Ein solches Konzept hat viele Vorteile, wie eine effektive Integration in die Kleingruppe, die Großgruppe und die Kita im Allgemeinen sowie die Kontinuität der Bildungsqualität und das Einsparen von Zeit und Ressourcen.

4.7 Einarbeitung neuer pädagogischer Fachkräfte

Ein strukturierter Onboarding-Plan, der den Einarbeitungsprozess über einen bestimmten Zeitraum hinweg festlegt, ist ein wesentlicher Bestandteil des Einarbeitungskonzepts. Der Zeitraum der Probezeit hat sich bei Mitarbeitenden als sinnvoll erwiesen. Es ist notwendig, dass der Einarbeitungsplan klare Ziele und Meilensteine definiert und das Erreichen dieser Ziele in regelmäßigen Abschnitten überprüft wird. Darüber hinaus sollten Einarbeitungsmaterialien bereitgestellt werden, die Informationen über die Kita, die Arbeitsweise der Einrichtung, die Teamkultur und die pädagogischen Ansätze enthalten. Für eine gute Einarbeitung ist es wichtig, dafür zeitliche Ressourcen zu schaffen und zu planen, in welchem Rhythmus Gespräche stattfinden sollen und wer daran teilnehmen soll.

Es ist wichtig, dass die Einarbeitung auf die individuellen Bedürfnisse und Interessen der bzw. des neuen Mitarbeitenden abgestimmt ist. Dies kann durch die Benennung einer Ansprechperson bzw. einer Mentorin oder eines Mentors erreicht werden, die/der den neuen Mitarbeitenden bei Fragen zur Seite steht.

Auch der Begrüßung am ersten Tag kommt besondere Bedeutung zu. Eine Begrüßung durch die Kita-Leitung, der Einführung im Allgemeinen und in die neuen Arbeitsaufgaben und das Umfeld zeigen Wertschätzung und bauen Unsicherheiten beim neuen Mitarbeitenden ab. Auch Laufer schreibt dazu:»Die Begrüßung durch den Vorgesetzten ist ein unverzichtbarer Schritt zur Eingliederung eines frisch eingestellten Mitarbeiters.« (Laufer 2021, S. 143)

Eine regelmäßige Rückmeldung und ein Austausch mit der Kita-Leitung sind wertvoll, um den Fortschritt der Einarbeitung des neuen Mitarbeitenden zu überprüfen, Anpassungen am Einarbeitungsprozess vorzunehmen und die Probezeit sowie das pädagogische Handeln zu reflektieren. Dabei sollte sich die Rückmeldung nicht nur auf die direkten Arbeitsergebnisse beschränken, sondern auch auf das Verhalten, die Kommunikation und pädagogische Haltung des Mitarbeitenden eingehen. Es ist bedeutend, bereits zu Beginn der Einarbeitung klar zu kommunizieren, welche Erwartungen an die neuen Mitarbeitenden gestellt werden. Durch die Einarbeitung erwerben Mitarbeitende nicht nur die Fähigkeiten und werden mit dem Arbeitsumfeld vertraut, sondern bekommen auch einen ersten Eindruck vom Unternehmen (vgl. Laufer 2021, S. 143).

Das Einarbeitungskonzept sollte flexibel sein und auf die individuellen Bedürfnisse der neuen pädagogischen Fachkräfte sowie die Anforderungen der Kita zugeschnitten sein. Es muss immer wieder überprüft und gegebenenfalls aktualisiert werden.

Auch nach der Einarbeitung ist der regelmäßige Kontakt zu den pädagogischen Fachkräften von großer Bedeutung. Es ist wichtig, ein gutes Verhältnis zu den Mitarbeitenden aufzubauen, da dies die Zusammenarbeit, Motivation, Leistung und Bindung fördert.

4.8 Umgang mit Vielfalt und Inklusion im Team

In einer immer diverser werdenden Gesellschaft ist es unerlässlich, dass Führungskräfte in der Lage sind, Vielfalt und Inklusion in ihren Teams zu fördern. Dies ist besonders in Bildungseinrichtungen wie Kindertagesstätten, in denen Kinder lernen, wichtig, Unterschiede zu akzeptieren und zu schätzen. Als erstes denkt man vielleicht an Geschlecht, Hautfarbe, religiöse Überzeugungen oder Alter. Aber Vielfalt umfasst auch unterschiedliche Denkweisen und Sichtweisen auf die Welt. Dazu zählen auch neurodiverse Menschen sowie Menschen mit verschiedenen körperlichen Fähigkeiten, sie umfasst auch Unterschiede in den Lebenserfahrungen und den Fähigkeiten und den Kenntnissen, die jeder Einzelne in das Team einbringt.

Inklusion bedeutet, dass sich jeder Einzelne im Team wertgeschätzt, respektiert und unterstützt fühlt. Ziel ist es, eine Umgebung zu schaffen, in der alle die gleichen Chancen haben, ihre Fähigkeiten zu nutzen und ihre volle Leistungsfähigkeit zu erreichen. Es bedeutet auch, dass sich jede/r bei der Arbeit zugehörig fühlt, unabhängig davon, wie unterschiedlich die Mitarbeitenden sind.

4.8 Umgang mit Vielfalt und Inklusion im Team

Es gibt verschiedene Ideen und Ansätze, um die Förderung von Vielfalt und Inklusion voranzutreiben. Eine Möglichkeit besteht darin, offene Kommunikation zu fördern und einen Dialog über Vielfalt und Inklusion zu führen, in dem alle Meinungen und Perspektiven wertgeschätzt werden. Zusätzlich werden Fortbildungen angeboten. Diese können helfen, Vorurteile abzubauen und ein inklusiveres Arbeitsumfeld zu schaffen.

Die Berücksichtigung kultureller Unterschiede bei der Gestaltung von Arbeitspraktiken (Methoden, Verfahren und Regeln, die in einem Arbeitsumfeld angewendet werden) kann dazu beitragen, ein inklusiveres Arbeitsumfeld zu schaffen. Dies könnte flexible Arbeitszeiten, die Berücksichtigung religiöser Feiertage und die Anpassung der Unternehmenskommunikation an verschiedene Sprachen und kulturelle Normen umfassen. Es ist wichtig, dass durch strukturierte Rahmenbedingungen eine gerechte Behandlung aller Teammitglieder gewährleistet wird. Dazu gehören die Erbringung fairer Arbeitsbedingungen, die Gewährleistung von Chancengleichheit, die Beseitigung von Diskriminierung sowie die Reduzierung von physischen Barrieren und die Bereitstellung einer gesunden und gut ausgestatteten Arbeitsumgebung. Um sicherzustellen, dass Mitarbeitende barrierefrei auf alle Bereiche zugreifen können, müssen der Gebäudezugang und die Räume innerhalb der Kita entsprechend gestaltet sein.

Die Gestaltung des Raumes und des Raumklimas sollte die Gesundheit der Mitarbeitenden unterstützen. Hierbei spielt die Raumakustik eine wichtige Rolle. Es ist wichtig, eine gute Raumakustik zu gewährleisten, um Lärmbelästigung zu minimieren. Des Weiteren sollten die Möbel und andere Ausstattungen ergonomisch gestaltet sein, um die körperliche Gesundheit der Mitarbeitenden zu gewährleisten. Obwohl dies mittlerweile als Selbstverständlichkeit gilt, ist es leider noch nicht in allen Kitas umgesetzt.

Neben den physischen Maßnahmen gibt es auch weitere Möglichkeiten, Inklusion und Vielfalt zu fördern. Dazu zählen vor allem:

4 Führung von Mitarbeitenden

- respektabler Umgang auf allen Ebenen,
- gerechte Entlohnung,
- eine Vertrauensbasis zwischen Mitarbeitenden und der Führungskraft,
- Job-Sicherheit und
- die Möglichkeit, die eigenen Fähigkeiten und Talente bei der Arbeit einzubringen.

Es ist sicherzustellen, dass die einzigartigen Fähigkeiten und Erfahrungen jedes Teammitglieds geschätzt und genutzt werden. Diese Unterschiede können genutzt werden, um das Team und dessen Zusammenarbeit zu stärken und zu bereichern.

Eine hervorragende Möglichkeit, um mit den Mitarbeitenden in gutem Kontakt zu bleiben, besteht in regelmäßigem Austausch und Feedback.

5 Wertschätzend Gespräche führen

5.1 Feedbackmethoden

Feedback ermöglicht, unser Handeln und Verhalten zu reflektieren und daraus zu lernen. Konstruktives und hilfreiches Feedback ist dabei von Bedeutung, um Veränderungen anzuregen und die Weiterentwicklung zu fördern. Ein ausgewogenes Verhältnis zwischen positivem und konstruktivem bzw. kritischem Feedback ist wichtig. Ein übermäßiger Fokus auf negatives Feedback kann jedoch demotivierend wirken und das Selbstwertgefühl beeinträchtigen. Übermäßiges Lob ohne konstruktive Kritik kann dazu führen, dass die betreffende Person mögliche Schwächen übersieht.

Es ist wichtig, Feedback respektvoll, klar und auf die individuellen Bedürfnisse und Perspektiven abzustimmen. Ein konstruktiver Feedbackprozess fördert die Lernbereitschaft und kontinuierliche Verbesserung.

Doch wie sieht ein gelungenes Feedback aus?

- *Vorbereitung:* Vor der Feedbackgabe ist es ratsam, zu überlegen, was gesagt werden soll. Gedanken sollten geklärt und das Feedback klar und präzise formuliert werden.
- *Ehrlichkeit:* Es ist wichtig, ehrlich und aufrichtig beim Feedback zu sein und Übertreibungen oder Verfälschungen zu vermeiden.
- *Positiver Ansatz:* Ein Feedbackprozess kann mit einer positiven Rückmeldung beginnen. Dies schafft eine gute Atmosphäre und öffnet die Tür für konstruktive Kritik.
- *Konkretheit:* Konkretheit im Feedback ist von Bedeutung. Beispiele können verwendet werden, um Punkte zu veranschaulichen. Je

spezifischer das Feedback ist, desto hilfreicher ist es für den Mitarbeitenden.
- *Verhalten fokussieren:* Der Fokus sollte auf dem beobachtbaren Verhalten oder der Leistung liegen, nicht auf der Persönlichkeit. Persönliche Angriffe oder Urteile sind zu vermeiden.
- *Aktives Zuhören:* Es ist wichtig, den Empfänger/die Empfängerin des Feedbacks zu Wort kommen zu lassen und aufmerksam zuzuhören, wie dieser reagiert. Seine Reaktion sollte verstanden und berücksichtigt werden.
- *Fragen stellen:* Die Empfängerin/der Empfänger kann ermutigt werden, Fragen zu stellen, um Missverständnisse zu klären oder weitere Informationen anzufordern.
- *Zielorientierung:* Konstruktive Vorschläge zur Verbesserung können angeboten werden. Es kann aufgezeigt werden, wie das Feedback zur Zielerreichung beitragen kann.
- *Geduld und Empathie:* Es ist wichtig, Geduld und Empathie zu zeigen, wenn der Empfänger des Feedbacks emotional reagiert. Es ist ratsam, den Verteidigungsmodus zu vermeiden und zu versuchen, die Perspektive des Gegenübers zu verstehen.
- *Positive Schlussbemerkungen:* Das Feedbackgespräch kann mit positiven und ermutigenden Worten abgeschlossen werden. Die Bedeutung der Zusammenarbeit und des Wachstums kann betont werden.
- *Folgegespräche:* Falls es erforderlich ist, können Folgegespräche geplant werden, um den Fortschritt zu überprüfen und weiteres Feedback zu geben.

Gutes mündliches Feedback erfordert Übung und Sensibilität. Die oben genannten Methoden helfen, Feedback effektiv und respektvoll zu übermitteln, um positive Veränderungen zu fördern und eine offene Kommunikation zu unterstützen. Es gibt noch weitere erprobte Methoden, die nachfolgend vorgestellt werden.

Feedbackmethode: Die Gewaltfreie Kommunikation

Die Gewaltfreie Kommunikation (GFK) ist eine von Marshall B. Rosenberg entwickelte Kommunikationsmethode. Sie wurde entwickelt, um Konflikte zu lösen, die Verständigung zu fördern und in Beziehungen effektiver zu kommunizieren. Die Grundidee der Gewaltfreien Kommunikation besteht darin, die Bedürfnisse und Gefühle von Menschen in den Mittelpunkt der Kommunikation zu rücken, um eine empathische Verbindung aufzubauen und Konflikte auf eine respektvolle und konstruktive Weise zu bewältigen.

Feedback nach den Prinzipien der Gewaltfreien Kommunikation folgt einem spezifischen Ablauf, um sicherzustellen, dass es konstruktiv, respektvoll und zielführend ist.
Die einzelnen Schritte sind:

1. *Beobachtung:* Begonnen wird, indem eine konkrete und neutrale Beobachtung geschildert wird. Es wird beschrieben, was tatsächlich passiert ist, ohne Bewertungen, Urteile oder Interpretationen hinzuzufügen. Dies hilft, Missverständnisse zu vermeiden und eine gemeinsame Grundlage für das Feedback zu schaffen.
2. *Gefühle:* Die eigenen Gefühle in Bezug auf die Beobachtung werden geteilt. Es ist wichtig, ehrlich über die Emotionen zu sein und dabei »Ich«-Aussagen zu formulieren. Vermieden werden sollte es, die Gefühle anderer zu interpretieren oder zu bewerten.
3. *Bedürfnisse:* Im nächsten Schritt werden die eigenen Bedürfnisse oder Wünsche ausgedrückt, die mit der Beobachtung und den eigenen Gefühlen in Verbindung stehen. Welche Bedürfnisse stecken dahinter, warum beeinflusst die Situation dieses Bedürfnis?
4. *Bitte:* Zum Schluss werden eine klare Bitte oder eine Handlungsaufforderung formuliert, die auf den Bedürfnissen basiert. Es sollte sichergestellt werden, dass die Bitte spezifisch und positiv formuliert ist, sodass der Empfänger des Feedbacks genau weiß, was man möchte.

> **Feedback geben in vier Schritten**
> Ich habe gesehen, gehört, beobachtet...
> (Beobachtung)
> .... und das wirkte auf mich...
> (Gefühl)
> .... weil ...
> (Bedürfnis)
> ... und mein Wunsch ist, ...
> (Bitte)

Nachfolgend ein Beispiel für ein Feedback nach den Prinzipien der Gewaltfreien Kommunikation:

> »Als ich heute Morgen im Büro war (Beobachtung), habe ich bemerkt, dass du 15 Minuten zu spät zur Arbeit gekommen bist. Das hat bei mir Ärger (Gefühle) ausgelöst, weil ich das Gefühl habe, dass wir unsere Zeit effizient nutzen sollten (Bedürfnisse nach Effizienz und Zeitmanagement). Könntest du bitte sicherstellen, dass du zur vereinbarten Uhrzeit im Büro bist (Bitte)?«

Dieser Feedbackprozess erleichtert eine respektvolle und konstruktive Kommunikation, indem Beobachtungen, Gefühle, Bedürfnisse und Bitten klar und transparent ausgedrückt werden. Dadurch können Missverständnisse vermieden und gemeinsame Lösungen gefunden werden.

Feedbackmethode: Der hypothetische Lösungsvorschlag

Ein anderer Umgang mit der Situation könnte nach der Methode des hypothetischen Lösungsvorschlages wie folgt aussehen:

> »Mal angenommen, ich könnte dich dabei unterstützen, ab sofort pünktlich zu kommen, was könntest du und was könnte ich dafür tun?«

Dieser Satz greift auf die Methode des »hypothetischen Lösungsvorschlags« zurück. Der hypothetische Lösungsvorschlag ist eine Kommunikationsmethode, bei der eine hypothetische oder fiktive Lösung für ein Problem oder eine Situation vorgeschlagen wird, um eine Diskussion oder Reflexion anzuregen. Es ermutigt die Person, über etwas nachzudenken, ohne sich defensiv zu fühlen. Das kann dazu beitragen, Probleme auf eine nicht-konfrontative Weise anzusprechen und die andere Person dazu zu ermutigen, über mögliche Lösungen, positive Veränderungen und Handlungsschritte nachzudenken. Dabei handelt es sich nicht um eine spezielle Technik, die aus einer bestimmten Quelle oder einem bestimmten Ursprung stammt, sondern eher um eine allgemeine Kommunikationsstrategie, die im Laufe der Zeit entwickelt und von verschiedenen Kommunikations- und Konfliktlösungsexperten empfohlen wurde (vgl. Bamberger 2022).

5.2 Mitarbeiterjahresgespräche

Zu einem effektiven Führungsstil gehört es, die Bedeutung der Mitarbeitenden anzuerkennen und in ihre berufliche Entwicklung durch geeignete Weiterbildungsmöglichkeiten zu investieren. Die Unterstützung der pädagogischen Fachkräfte erhöht nicht nur deren Zufriedenheit und Leistungsfähigkeit, sondern auch die Qualität der pädagogischen Arbeit. Jeder Mitarbeitende sollte entsprechend seiner Stärken und Schwächen individuell gefördert werden, um sein persönliches Potenzial auszuschöpfen und sich weiterzuentwickeln.

Eine gute Methode für strukturiertes Feedback und die Förderung von Mitarbeitenden ist das jährliche Mitarbeitendengespräch:

5 Wertschätzend Gespräche führen

»Mitarbeitergespräche sollte man wie TÜV-Termine betrachten. Es besteht zwar die Möglichkeit der Beanstandung, wichtiger ist jedoch die beruhigte Weiterfahrt für die nächsten Jahre.« (Lahm zitiert in Hettl 2014, S. 52)

In vielen Unternehmen wird darüber diskutiert, ob es noch sinnvoll ist oder abgeschafft werden sollte. Im pädagogischen Bereich ist es ein nützliches Werkzeug, um sich mit seinem Team und den Mitarbeitenden auszutauschen, über die berufliche Entwicklung zu sprechen und Ziele für die persönliche und berufliche Weiterentwicklung zu initiieren. Das Jahresgespräch bietet Raum und Rahmen für Themen, die sonst kaum oder nur selten angesprochen werden – Feedback, Entwicklungsziele, Veränderungswünsche.

Die aufgeführten Fragen sollen dazu beitragen, eine positive und offene Gesprächsatmosphäre zu schaffen, in der sich die Mitarbeitende wertgeschätzt und unterstützt fühlen. Wichtig ist, sich im Vorfeld über Ort, Dauer und Zeitpunkt des Gesprächs zu verständigen.

Die Ziele des Mitarbeiterjahresgesprächs sind:

- Rückblick und Reflexion über das vergangene Jahr
- Rückmeldung über die Arbeitsergebnisse
- Verbesserung der Zusammenarbeit zwischen Führungskraft und Mitarbeitendem
- gemeinsame Vereinbarung von Perspektiven und Zielen

Ein beispielhafter Fragenkatalog für das Mitarbeiterjahresgespräch könnte wie folgt aussehen:

- Wenn du auf das vergangene Jahr zurückblickst, was ist dir besonders gut gelungen?
- Wie zufrieden bist du mit deiner Arbeit?
- Wie fühlst du dich in deinem Team?
- Wo möchtest du dich noch mehr einbringen?
- Welche Fähigkeiten zeichnen dich aus? Welche deiner Stärken kannst du gut in das Team einbringen?

5.2 Mitarbeiterjahresgespräche

- Wenn deine Kollegin/dein Kollege dich beschreiben müsste, welche Eigenschaften und Fähigkeiten würde er oder sie nennen?
- Wo möchtest du dich weiterentwickeln?
- Welche Perspektiven siehst du für dich im nächsten Jahr?
- Wie stellst du dir unsere Zusammenarbeit vor?
- Wobei und wie kann ich dich unterstützen?
- In welchem Bereich wünschst du dir Feedback?
- Wie gelingt es dir, Familie und Beruf zu vereinbaren? Welche weitere Unterstützung wäre hilfreich?
- Gibt es noch Themen oder Punkte, die du gerne ansprechen würdest, die aber bisher noch keinen Raum im Gespräch gefunden haben?

Förmlicher Kontext:

- Welche Aufgaben oder Projekte haben Sie besonders gerne übernommen und warum? Können Sie Beispiele für solche Situationen oder Herausforderungen nennen?
- Was gefällt Ihnen besonders an Ihrer Arbeit?
- Welche Aufgaben liegen Ihnen besonders? Wo sehen Sie Ihre Stärken?
- Welche Fähigkeiten oder Kompetenzen haben Sie weiterentwickelt oder verbessert?
- Welche Ihrer Stärken würden Sie gerne mehr in Ihre Aufgaben einbringen?
- Welche persönlichen Entwicklungsmöglichkeiten sehen Sie?
- Gibt es bestimmte Aufgaben oder Verantwortungsbereiche, in denen Sie sich besonders erfolgreich fühlen?
- Fühlen Sie sich derzeit in Ihrem Team wohl?
- Welche Ziele oder Wünsche haben Sie für Ihre berufliche Entwicklung im nächsten Jahr?

- Gibt es Bereiche, in denen Sie Unterstützung brauchen? Gibt es Themen oder Bereiche, in denen Sie sich mehr Unterstützung wünschen?
- Wie empfinden Sie Ihre Arbeitsbelastung und Ihr Zeitmanagement?
- Gibt es noch etwas, das Sie ansprechen oder mitteilen möchten, was in diesem Gespräch noch nicht zur Sprache gekommen ist?
- Wie empfinden Sie die gemeinsame Zusammenarbeit? Gibt es Dinge, die gut laufen, oder Bereiche, die aus Ihrer Sicht verbessert werden könnten?

Regelmäßige Mitarbeiterjahresgespräche bieten folgende Vorteile:

- Zielvereinbarung und Überprüfung: In diesen Gesprächen können kurz- und langfristige berufliche Ziele des Mitarbeitenden festgelegt und überprüft werden. Dies trägt dazu bei, ihre berufliche Entwicklung zu unterstützen und zu fördern.
- Feedback und Austausch zu Entwicklungsmöglichkeiten: Die Mitarbeitenden erhalten ein konstruktives Feedback zu ihrer Arbeit, das ihnen hilft, Stärken zu nutzen und Schwächen zu überwinden.
- Kommunikation und Klarheit: Jahresgespräche fördern die offene Kommunikation zwischen Mitarbeitenden und Vorgesetzten. Sie ermöglichen es, Erwartungen zu klären und Missverständnisse auszuräumen.
- Motivation und Engagement: Die Anerkennung von Leistungen und das Aufzeigen von Entwicklungsmöglichkeiten tragen dazu bei, Motivation und Engagement zu steigern.

Damit sich Mitarbeitende gut darauf vorbereiten können, bietet sich eine schriftliche Einladung mit Reflexionsfragen an. Eine mögliche Vorlage könnte wie folgt aussehen:

Einladung zum Mitarbeiterjahresgespräch

(Ansprache),
ich möchte Dich/Sie zum jährlichen Mitarbeitergespräch einladen. Das Mitarbeiterjahresgespräch ist eine wichtige Möglichkeit, um über Deine/Ihre Arbeit, und Ziele für das kommende Jahr zu sprechen. Es ist auch eine Chance, Feedback zu geben und in den gemeinsamen Austausch zu kommen.
Mögliche Termine sind: ...
Mit folgenden Fragen kannst Du Dich/können Sie sich darauf vorbereiten:

- Welche Themen und Projekte sind gerade aktuell?
- Was sind Stärken und wie wurden sie im vergangenen Jahr genutzt? Was sind Schwächen und was wurde unternommen, um sie zu verbessern?
- Wurden die Ziele für das vergangene Jahr erreicht? Wenn nicht, was waren die Hindernisse und wie können sie überwunden werden?
- Was sind die beruflichen Ziele für das kommende Jahr?
- Welche Interessen und Fähigkeiten sollen weiterentwickelt bzw. welche neuen Fähigkeiten sollen erlernt werden? Gibt es spezielle Schulungen oder Kurse, die dafür erforderlich sind?
- Wie ist das Feedback zur Kita, zur Teamarbeit und zur Führung? Wie ist die Zusammenarbeit mit der Kita-Leitung?
- Welche Unterstützung oder Ressourcen werden benötigt, um die Arbeit effektiver zu gestalten oder die Ziele zu erreichen?

Das Gespräch wird (Ort) von ... bis ... stattfinden. Ich freue mich auf unser Gespräch!
Mit freundlichen Grüßen,
...

Mitarbeiterjahresgespräche erfordern Zeit und Ressourcen für die Vorbereitung und Durchführung. Das ist als Führungskraft sehr aufwändig. Es ist dennoch wichtig, sich trotz des stressigen Kita-Alltags diese Zeit zu nehmen und sich auszutauschen. Das zeigt Wertschätzung gegenüber den Mitarbeitenden und ermöglicht ein Gespräch in einer angenehmen Atmosphäre. Ein vorbereiteter Raum und ungestörte Besprechungszeit sind sehr wichtig, Mitarbeiterjahresgespräche sollen keine Leistungsbeurteilung sein, sondern es soll gemeinsam besprochen werden, wie eine individuelle Weiterentwicklung stattfinden kann. Als Leitung hat man die Möglichkeit, sich ein Feedback zur Zusammenarbeit zu holen. Das Führen eines Mitarbeiterjahresgesprächs heißt nicht, dass nicht auch ein kontinuierliches Feedback und regelmäßiger Austausch über die Arbeit und Ziele im Laufe des Jahres stattfindet. Führungskräfte, die ihren Mitarbeitenden ermöglichen, ihre eigenen Fähigkeiten weiterzuentwickeln, fördern eine Lernkultur und unterstützen somit auch die Kita als lernendes Unternehmen. Dies trägt auch entscheidend zur Mitarbeiterbindung bei.

5.3 Der Umgang mit »schwierigen« Mitarbeitenden

Der Umgang mit »schwierigen« Mitarbeitenden kann auch dann noch eine Herausforderung sein, wenn man schon Berufs- und Leitungserfahrung hat. Mangelnde Aufmerksamkeit in Teamsitzungen, demonstratives Gähnen oder Augenverdrehen, ständige Unzufriedenheit und eine negative Einstellung im Arbeitsalltag oder Mitarbeitende, die ihre Aufgaben nicht rechtzeitig erledigen oder häufig unpünktlich sind, können das gesamte Team belasten. Oft trauen sich Führungskräfte nicht, ganz klar Grenzen zu setzen, um nicht als böse oder streng zu gelten. Aber Führungskräfte geben den Rahmen und

5.3 Der Umgang mit »schwierigen« Mitarbeitenden

Strukturen vor, innerhalb derer sich Mitarbeitende bewegen können, und müssen auf die Einhaltung achten. Geht ein Mitarbeitender einmalig oder wiederholt zu weit, muss darauf reagiert werden. Das weitere Vorgehen muss zur Situation und dem betreffenden Mitarbeitenden passen und gut geplant werden. Bevor es zu einem Gespräch kommen kann, ist es ratsam, die Situation zu analysieren und konkrete Beispiele aus dem Alltag zu sammeln, in denen der Mitarbeitende ein Fehlverhalten, wie z. b. Respektlosigkeit, Infragestellen von Entscheidungen, Reden in vorlauter Art und Weise, Unzuverlässigkeit, gezeigt haben.

Anschließend gibt es die Herausforderung, in einem persönlichen Gespräch sehr sachlich auf das problematische Verhalten aufmerksam zu machen. Auch hier ist es wichtig zuzuhören, aber Dinge auch klar und faktisch anzusprechen. Dem »schwierigen« Mitarbeitenden wird dabei ein konstruktives Feedback, das sich auf die Verhaltensweisen bezieht, die verändert werden müssen, gegeben. Es ist wichtig, dass Regeln und Erwartungen für alle in gleichem Maße gelten und diese klar formuliert sind. Auch die Konsequenzen, wenn den Erwartungen nicht nachgekommen werden, werden in diesem Gespräch besprochen. Das Ergebnis des Gesprächs sollte protokolliert und dem Mitarbeitenden ausgehändigt werden. Nach dem ersten Gespräch ist es empfehlenswert, einen Folgetermin zu vereinbaren. Dies erhöht die Verbindlichkeit und ermöglicht die Überprüfung der besprochenen Ziele im nachfolgenden Termin.

In manchen Situationen kann es hilfreich sein, sich extern Hilfe zu holen, je nach aufgetretenem Problem entweder als Einzelsupervision, in Form von Supervision für ein (Klein-)Team oder Coaching für die Führungskraft. Ein Coaching für die Führungskraft kann dabei helfen, die bestehenden Schwierigkeiten mit dem Mitarbeitenden im Vorfeld zu analysieren und vorzubereiten und die eigene Konfliktkompetenz stärken. Manchmal ist es nicht ausreichend, diese Schritte zu gehen. Wenn keine Veränderung im Verhalten des Mitarbeitenden eintritt, können Sanktionen notwendig werden. Dabei ist die Personalabteilung einzubeziehen.

Trotz der Herausforderungen im Umgang mit schwierigen Mitarbeitenden sollte eine positive Arbeitsatmosphäre aufrechterhalten werden. Es könnte förderlich sein, nicht nur auf die Dinge zu schauen, die gerade nicht gut laufen, sondern auch immer wieder die Dinge wahrzunehmen, die gut laufen. Es kann helfen, eine positive Einstellung zu dem Mitarbeitenden zu bewahren und das Verhalten als das Beste zu sehen, was dieser gerade leisten kann. Der Umgang mit schwierigen Mitarbeitenden erfordert Mut, insbesondere wenn schwierige Gespräche geführt werden müssen. Es ist jedoch auch wichtig, Verantwortung zu übernehmen und unangenehme Dinge anzusprechen, anstatt wegzuschauen. Eine konsequente und dennoch wertschätzende Mitarbeiterführung ist von großer Bedeutung.

Leider gibt es keine allgemeingültigen Tipps, denn Mitarbeitende sind individuell und was für den einen funktioniert, kann für den anderen nicht funktionieren. Flexibilität und Anpassungsfähigkeit sind die Schlüssel zum Erfolg.

5.4 Das Fürsorgegespräch

Gespräche mit Mitarbeitenden können nicht nur bei schwierigen Situationen sinnvoll sein. Führungskräfte haben ebenso eine Fürsorgepflicht gegenüber ihren Mitarbeitenden.

Ein Fürsorgegespräch kann viele Themen beinhalten, je nach den jeweiligen Bedürfnissen und Umständen des Mitarbeitenden. Als Arbeitgeber hat man eine Verantwortung für das Wohlergehen der Mitarbeitenden. Das ist im Bürgerlichen Gesetzbuch (§§ 617–619) festgelegt. Diese Gespräche können eine gute Möglichkeit sein, um sicherzustellen, dass es den Mitarbeitenden gut geht und sie sich am Arbeitsplatz wohl fühlen. Das Gespräch sollte immer wohlwollend und hilfreich für den Mitarbeitenden geführt werden.

Es gibt bestimmte Anlässe, bei denen es die Pflicht der Führungskraft ist, ein Fürsorgegespräch zu führen. Das ist dann der Fall,

5.4 Das Fürsorgegespräch

wenn offenkundige Gesundheitsprobleme oder Gesundheitsgefahren vorliegen, bei Hinweisen auf eine Suchtproblematik oder wenn Konflikte zwischen den Mitarbeitenden zu Beeinträchtigungen des Kita-Alltags führen.

1. *Gesundheitliche Probleme:* Wenn gesundheitliche Probleme auftreten, die die Arbeit beeinträchtigen, kann ein Fürsorgegespräch dazu dienen, Unterstützung anzubieten und mögliche Änderungen am Arbeitsplatz zu besprechen.
2. *Persönliche Probleme:* Probleme außerhalb der Arbeit, wie z. B. familiäre Probleme, Pflege von Angehörigen oder finanzielle Schwierigkeiten, können ebenfalls in einem Fürsorgegespräch angesprochen werden.
3. *Arbeitsbezogene Probleme:* Wenn jemand Schwierigkeiten bei der Arbeit hat, durch Stress, Überlastung oder Konflikten mit Kollegen oder Kolleginnen, kann ein Fürsorgegespräch ebenfalls zur Klärung beitragen.
4. *Emotionale Belastung:* Wenn jemand unter emotionaler Belastung leidet, kann das Fürsorgegespräch unterstützen und auf Ressourcen hinzuweisen oder Ansprechpersonen vermitteln, die helfen können.

Ein anderer Fall ist das BEM-Gespräch (betriebliches Eingliederungsmanagement). Dieses Gespräch findet statt, wenn Beschäftigte länger als sechs Wochen ununterbrochen oder wiederholt krank sind. Der Arbeitgeber ist hier nach §167 SGB IX verpflichtet, dem Arbeitnehmenden ein Gespräch anzubieten, um gemeinsam Maßnahmen zu erarbeiten, einen guten Wiedereinstieg zu ermöglichen, und soll erneutes Erkranken vorbeugen. Diese Gespräche sollten immer wohlwollend und wertschätzend geführt werden.

6 Mit Konflikten umgehen

Nach der inhaltlichen Auseinandersetzung über die Bedeutung und Durchführung von Fürsorgegesprächen ist es nun an der Zeit, einen weiteren wichtigen Aspekt von Führung in den Blick zu nehmen: den Umgang mit Konflikten. Während Fürsorgegespräche darauf abzielen, das Wohlbefinden der Mitarbeitenden zu fördern und ein unterstützendes Arbeitsumfeld zu schaffen, sind Konflikte im Arbeitsumfeld oft unvermeidlich. In diesem Kapitel wird daher gezeigt, wie Führungskräfte effektiv mit Konflikten umgehen können.

6.1 Systemtheorie und Konstruktivismus

Zunächst erfolgt ein theoretischer Exkurs. Die Systemtheorie und der Konstruktivismus sind zwei Rahmen, die Einblicke in die Dynamik von Konflikten geben können.

Die Systemtheorie und der Konstruktivismus beeinflussen sich gegenseitig und ergänzen sich zudem in vielen Aspekten. Die Systemtheorie bietet einen Rahmen für das Verständnis der Dynamik und die Struktur von Systemen, während der Konstruktivismus Einblicke in die individuellen Prozesse des Lernens und der Wissenskonstruktion bietet (vgl. Wolfs 2022).

Die Systemtheorie befasst sich mit der Untersuchung von Systemen, die aus miteinander interagierenden Elementen oder Komponenten bestehen, und deren Verhalten und Wechselwirkungen aufeinander. Die Grundidee der Systemtheorie ist es, das System als Ganzes zu betrachten, anstatt sich auf die Einzelteile zu konzentrieren. Es ist schwierig, die Systemtheorie auf einen einzelnen Begründer oder eine Quelle zurückzuführen, da sie aus verschiedenen

6.1 Systemtheorie und Konstruktivismus

Ansätzen und Denkern hervorgegangen ist. Stattdessen handelt es sich um eine interdisziplinäre Theorie, welche kontinuierlich weiterentwickelt und erweitert wird.

Der Konstruktivismus besagt, dass jeder Mensch sein Wissen und seine Sicht auf die Welt auf seine eigene Weise aufbaut. Es hängt von den eigenen Erfahrungen, Gedanken und der Umgebung ab. Das heißt, dass unsere Wahrnehmung der Welt stark von unseren eigenen Erfahrungen, Interpretationen und Konstruktionen beeinflusst wird.

»*Die Umwelt, die wir wahrnehmen, ist unsere Erfindung.*«
(Heinz von Foerster)

Das Zitat des österreichischen Physikers und Philosophen Heinz von Foerster thematisiert die subjektive Natur unserer Wahrnehmung. Es besagt, dass die Realität, wie wir sie erfahren, nicht nur eine objektive Gegebenheit ist, sondern auch durch unsere eigenen Gedanken, Glaubenssätze und Erfahrungen geformt wird.

Dies impliziert, dass jeder von uns eine eigene »Umwelt« erschafft, indem er die Welt um sich herum interpretiert und ihr Bedeutung beimisst. Die Wahrnehmung ist folglich eine aktive Konstruktion.

Wie passen diese beiden Ideen zusammen? Der Konstruktivismus betont, dass Wahrnehmungen subjektiv sind und von individuellen Erfahrungen und Interpretationen geprägt werden. Es ist wichtig, zu erkennen, dass verschiedene Personen denselben Konflikt möglicherweise unterschiedlich wahrnehmen. Dieses Bewusstsein kann dazu beitragen, Empathie und Verständnis für die Standpunkte anderer zu entwickeln.

Die Anwendung von Systemtheorie und Konstruktivismus kann sehr hilfreich sein, um den Umgang mit Konflikten in einem Team zu verstehen und zu verbessern. Die Systemtheorie bietet einen Rahmen für das Verständnis der Dynamik und Struktur von Teams. Konflikte können als Störungen im System verstanden werden. Die Systemtheorie kann helfen, die Dynamiken zu verstehen und Strategien zur Lösung von Konflikten zu entwickeln.

Der Konstruktivismus hingegen konzentriert sich auf die individuellen Wahrnehmungen und Interpretationen der Realität der

Teammitglieder. Jedes Teammitglied hat seine eigene Sichtweise auf die Situation, die oft von den Sichtweisen der anderen Mitglieder abweicht (vgl. ebd.). Diese individuellen Perspektiven können zu kreativeren und vielfältigeren Problemlösungen beitragen. Es ist von Vorteil, wenn in einem pädagogischen Team unterschiedliche Standpunkte und Sichtweisen vertreten sind, da sie zur Erweiterung der Handlungsmöglichkeiten und damit zur Verbesserung der pädagogischen Praxis beitragen können. Meier schreibt dazu:

»Warum können Teams so gute Ergebnisse erbringen? Die Antwort ist ganz einfach: Weil unterschiedliche Personen mit unterschiedlichen Eigenschaften, Fähigkeiten und Fertigkeiten zusammentreffen und diese Unterschiede der gemeinsamen Arbeit zugute kommt [sic]« (Meier 2012, S. 9).

Jedes Teammitglied bringt seine individuellen Erfahrungen, Hintergründe und Sichtweisen ein. Diese Vielfalt ermöglicht es, pädagogische Probleme aus verschiedenen Blickwinkeln zu betrachten und dadurch umfassendere und kreativere Lösungen zu entwickeln.

Die Schwierigkeit besteht hingegen darin, sich mit den verschiedenen Ansichten auseinandersetzen zu können. Das erfordert Teamarbeit und die Fähigkeit, Konflikte zu lösen. Wenn dies gelingt, kann es die zwischenmenschlichen Fähigkeiten und das Team stärken.

Der Konstruktivismus kann als Rahmen für die Betrachtung und Bewältigung von Konflikten genutzt werden, da er betont, dass individuelle Wahrnehmungen subjektiv sind und von persönlichen Erfahrungen, Interpretationen und kulturellen Einflüssen geprägt werden. Im Kontext von Konflikten bedeutet dies, dass verschiedene Konfliktparteien denselben Konflikt oft unterschiedlich wahrnehmen. Diese Erkenntnis kann dazu beitragen, Verständnis und Empathie für die Standpunkte des Anderen/Anderer im Konflikt zu entwickeln.

Folgende Prinzipien können helfen, in Konfliktsituationen einen konstruktiven Ansatz zu verfolgen und somit eine Atmosphäre zu schaffen, in der Lösungen erarbeitet werden können. Das sind:

1. Allparteilichkeit: Es ist wichtig, die individuellen Standpunkte jedes Teammitglieds zu akzeptieren und zu respektieren, indem deren jeweilige Sicht auf die Realität anerkannt wird.
2. Neutralität: Das bedeutet, ohne Vorurteile gegenüber den Personen, ihren Auffassungen der Situation, Problemen und Lösungsansätzen zu agieren.
3. Wertschätzung: Dies schließt eine respektvolle Haltung gegenüber den Mitarbeitenden sowie ihren bisherigen Versuchen zur Lösungsfindung ein.

Konflikte im Team sollten je nach Art und Schwere in angemessener Weise und zum richtigen Zeitpunkt behandelt werden. Je nach Schwere des Konflikts kann auch ein sofortiges Eingreifen erforderlich sein. Dies betrifft vor allem Konflikte, die die Zusammenarbeit im Team erheblich beeinträchtigen und die Qualität der Arbeit oder die Moral der Teammitglieder gefährden. Sie erfordern eine schnelle Reaktion. Konflikte mit geringerer Intensität können unter Umständen eine gewisse Zeit bis zur Lösung haben. Dennoch kann es sein, dass auch leichte Konflikte in Teams im Hintergrund schwelen und unbearbeitet früher oder später zu Problemen führen. Bleiben sie ungelöst, können sie das Teamklima belasten und die Zusammenarbeit beeinträchtigen.

In der Systemtheorie besagt man, dass »Störungen Vorrang haben«. Hierbei wird die Untersuchung von Beziehungen, Wechselwirkungen und dem Einfluss von Rückkopplungsschleifen in komplexen Systemen betont. Im Umgang mit Konflikten sollten Störungen oder Unregelmäßigkeiten innerhalb eines Systems, sei es in einem Team, einer Familie oder einer anderen sozialen Struktur, besondere Aufmerksamkeit und Priorität erhalten. Die Priorisierung und Behebung von Störungen sind daher notwendig, um eine reibungslose Funktion des Systems sicherzustellen.

Werden Konflikte nicht bearbeitet, kann das für die Kita Folgen haben, wie beispielsweise:

- Pädagogische Fachkräfte melden sich häufiger krank.
- Es schleichen sich Fehler ein.
- Pädagogische Fachkräfte machen nur noch Dienst nach Vorschrift.
- Der Umgangston im Team, mit Eltern, mit Kindern verschlechtert sich.
- Mitarbeitende kündigen.

Es ist zu betonen, dass die Bearbeitung eines Konflikts nicht zwangsläufig positive Veränderungen mit sich bringt. Die Idee, dass Konflikte positive Veränderungen bewirken können, unterstreicht die Bedeutung von Fähigkeiten zur Konfliktlösung sowie einer offenen, kooperativen Einstellung gegenüber Konflikten. Es ist jedoch Voraussetzung, dass alle Beteiligten sich als aktive Mitgestaltende verstehen.

Werden Konflikte ignoriert oder destruktiv behandelt, kann dies zu negativen Auswirkungen führen, da die Zusammenarbeit im Team gestört und die Produktivität verringert werden können. Daher gilt es, Konflikte frühzeitig zu erkennen und konstruktiv anzugehen, um negative Folgen zu vermeiden.

Folgende Fragen und Hilfestellungen können zur Lösung des Konfliktes beitragen:

- Um wessen Bedürfnisse geht es – wessen Bedürfnissen stehen im Mittelpunkt der Überlegungen?
- Gibt es in der pädagogischen Konzeption eine Aussage dazu?
- Wie gehen wir als Team mit unterschiedlichen Ansichten um? Sagen wir einander, was wir denken? Hat einer im Team (unbenannt) das Sagen?
- Wie und wann sprechen wir das Thema an – gibt es Teamzeiten?
- Positive Formulierungen anstatt Verneinung: Anstatt zu sagen: »Das gefällt mir nicht« kann man den Satz positiv formulieren: »Die Idee ist toll, aber was hältst du davon, es so und so auszuprobieren...?«
- Mit Klarheit und Einfühlungsvermögen vorbringen (Gewaltfreie Kommunikation)

6.1 Systemtheorie und Konstruktivismus

- Begleitung von herausfordernden Situationen durch die Führungskraft
- Möglichkeit der Supervision

Es gibt verschiedene Arten von Konflikten, die sich je nach Ursache, Gegenstand oder Auswirkungen unterscheiden lassen:

- *Sachkonflikte* entstehen, wenn es Meinungsverschiedenheiten über objektive Fakten gibt, die unterschiedlich interpretiert oder bewertet werden.
- *Beziehungskonflikte* entstehen, wenn persönliche Gefühle wie Sympathien oder Antipathien die Kommunikation und Zusammenarbeit beeinträchtigen. Diese Probleme können besonders schwierig zu lösen sein, wenn starke Emotionen oder enttäuschte Erwartungen eine Rolle spielen.
- *Wertekonflikte* treten auf, wenn zwei oder mehr Personen oder Gruppen unterschiedliche oder unvereinbare Wertvorstellungen haben.
- *Wahrnehmungskonflikte* entstehen, wenn es um die unterschiedlichen Bewertungen einer Situation geht, die auf persönlichen Einstellungen, Erwartungen oder Bedürfnissen beruhen.
- *Rollenkonflikte* entstehen, wenn Erwartungen oder Anforderungen an eine bestimmte Rolle oder Position gestellt werden, die nicht erfüllbar oder widersprüchlich sind. Es sollten daher klare Rollendefinitionen und -ziele festgelegt werden, um die Wahrscheinlichkeit von Rollenkonflikten zu minimieren.
- *Zielkonflikte* entstehen, wenn es um die Erreichung oder Verfolgung von Zielen geht, die nicht miteinander vereinbar sind oder sich gegenseitig ausschließen.

Das Wissen um die Bedeutung von Konflikten macht es dennoch nicht einfacher, solche Gespräche zu moderieren oder zu begleiten. Dennoch kann man sich auf herausfordernde Gespräche gut vorbereiten, indem man folgende Ansätze berücksichtigt.

6.2 Herausfordernde Gespräche/ Konfliktgespräche führen

Das folgende Zitat, das dem österreichischen Verhaltensforscher Konrad Lorenz zugeschrieben wird, verdeutlicht die Komplexität von Kommunikation und dass Missverständnisse und Fehlinterpretationen in jeder Phase eines Kommunikationsprozesses auftreten können:

»Gedacht ist nicht gesagt. Gesagt ist nicht gehört. Gehört ist nicht verstanden. Verstanden ist nicht einverstanden. Einverstanden ist nicht getan. Getan ist nicht beibehalten.«

Das Zitat unterstreicht zudem die Schwierigkeiten, die bei der Übermittlung von Gedanken und Ideen zwischen Menschen auftreten können, und die Bedeutung einer klaren und effektiven Kommunikation.

Es gibt verschiedene Kommunikationsmodelle, die zu einer besseren Verständigung sowie zur Erklärung von auftretenden Konflikten beitragen können. Das wohl bekannteste ist das Kommunikationsquadrat (auch Vier-Ohren-Modell genannt): Dieses Modell wurde vom deutschen Kommunikationswissenschaftler Schulz von Thun entwickelt (vgl. Schuhmacher 2011). Das Modell sagt aus, dass jeder, der mit einer anderen Person kommuniziert, seinem Gesprächspartner oder seiner Gesprächspartnerin vier Botschaften übermittelt: Eine Botschaft auf der Sachebene, eine Selbstkundgabe, eine Botschaft auf der Beziehungsebene und einen Appell. Der Empfänger wiederum interpretiert die Kommunikation ebenfalls auf diesen vier Ebenen. Störungen in der Kommunikation entstehen dann, wenn der Empfänger die Information anders versteht, als der Sender sie gemeint hat.

Angenommen, eine Person sagt zu einer anderen: »Es ist kalt hier«, so kann man die Nachricht auf folgenden Ebenen wahrnehmen und interpretieren:

6.2 Herausfordernde Gespräche/Konfliktgespräche führen

- *Sachebene:* Die Information, die übermittelt wird, ist, dass die Temperatur in der Umgebung niedrig ist.
- *Selbstoffenbarung:* Die Person, die spricht, zeigt, dass sie diese Kälte spürt oder dass sie empfindlich auf niedrige Temperaturen reagiert.
- *Beziehungsebene:* Die Aussage könnte darauf hindeuten, dass die Person sich wohl genug fühlt, um ihre Unbehaglichkeit auszudrücken, oder dass sie der anderen Person nahe genug steht, um eine Änderung der Umgebung zu erwarten.
- *Appell:* Die Person könnte indirekt darum bitten, die Heizung einzuschalten oder ein Fenster zu schließen.

Sender und Empfänger senden und hören die Nachricht auf allen vier Ebenen gleichzeitig, aber je nach Kontext, Beziehung und persönlichen Befindlichkeiten, Grundannahmen oder Beziehungsmustern kann eine Ebene stärker betont werden als die anderen. Ein Mensch, der beispielsweise vorrangig auf der Ebene des Appells wahrnimmt, könnte motiviert werden, eine Handlung vorzunehmen und in dem Fall das Fenster zu schließen. Vor allem in Konfliktsituationen neigen Menschen dazu, Aussagen auf der Beziehungsebene zu interpretieren, weil Emotionen und Beziehungsaspekte in solchen Situationen oft im Vordergrund stehen.

Wenn jemand in einem Streit sagt: »Du hast das Zimmer noch nicht aufgeräumt!«, könnte die Aussage auf der Sachebene einfach eine Feststellung sein, dass das Zimmer unordentlich ist. Aber der Empfänger könnte die Aussage ebenso auf der Beziehungsebene interpretieren und denken, dass der Sender ihn für faul hält oder ihm Vorwürfe macht.

Dies kann zu Schwierigkeiten führen, da sich der Empfänger angegriffen fühlen und defensiv reagieren könnte, was den Konflikt verschärft. Auch der Sender kann sich missverstanden fühlen, wenn seine Botschaft auf der Sachebene falsch aufgefasst wird.

Das Bewusstsein für die verschiedenen Ebenen der Kommunikation, wie sie im Vier-Ohren-Modell dargestellt werden, kann helfen, solche Missverständnisse zu vermeiden und die Kommunikation in

6 Mit Konflikten umgehen

Konfliktsituationen zu verbessern. Es erinnert uns daran, dass wir klar und bewusst kommunizieren und versuchen sollten, die Perspektive des Anderen zu verstehen.

Diese Beispiele zeigen, wie komplex Kommunikation ist und dass Missverständnisse entstehen können, wenn Sender und Empfänger die Schwerpunkte auf unterschiedliche Ebenen der Botschaft legen. Das Eisberg-Modell ist ein weiteres Modell und stellt bildlich dar, dass bei einer Kommunikation nur ein kleiner Teil der Informationen besprochen wird. Es bedient sich als Vergleich bildlich eines Eisberges. Bei einem Eisberg befinden sich etwa 20% oberhalb des Wassers, die restlichen 80% sind unterhalb des Wassers. Ähnlich ist es bei der menschlichen Kommunikation:

- Sachebene (20%): Das ist der sichtbare Teil der Kommunikation, dabei handelt es sich um die Fakten und Informationen.
- Beziehungsebene (80%): Dies ist der unsichtbare Teil der Kommunikation. Das sind z.b. die Gefühle und Wertvorstellungen, die das Gegenüber durch den Tonfall oder Mimik und Gestik teilweise vermittelt bekommt.

Der deutlich größere Anteil der Kommunikation läuft unbewusst ab. In der Kommunikation bedeutet es, dass das, was wir sagen (Sachebene), nur einen kleinen Teil unserer gesamten Botschaft ausmacht. Der größte Teil unserer Botschaft (Beziehungsebene) wird durch unsere nonverbale Kommunikation, unsere Emotionen und unsere persönlichen Werte vermittelt. Dieser Teil der Botschaft ist oft für andere nicht sichtbar, kann aber einen großen Einfluss auf die Art und Weise haben, wie unsere Botschaft interpretiert wird.

Diese beiden Modelle können nicht alle Aspekte der menschlichen Kommunikation vollständig erfassen, aber sie bieten einen nützlichen Rahmen für das Verständnis und die Verbesserung der Kommunikation und können dazu beitragen, die Ursachen von Konflikten besser zu verstehen und Lösungsstrategien zu entwickeln. In diesem Zusammenhang ist es sinnvoll, sich näher mit der Thematik zu be-

6.2 Herausfordernde Gespräche/Konfliktgespräche führen

fassen, um ein besseres Verständnis für die Schwierigkeiten bei der Kommunikation zu erlangen.

Die Kenntnis und das Verständnis von Kommunikationsmodellen können helfen, schwierige Gespräche effektiv zu navigieren und zu meistern.

Herausfordernde Gespräche können oft eine Quelle von Stress und Unsicherheit sein. Sie erfordern Fingerspitzengefühl, Empathie und eine klare Kommunikation. Es ist wichtig, sich gut auf solche Gespräche vorzubereiten, um Missverständnisse zu vermeiden und die gewünschten Ergebnisse zu erzielen. Wichtig ist, offen zu sein für die Perspektiven und Meinungen des Gegenübers. Jeder Mensch hat seine eigene Perspektive, die auf einer Vielzahl von Faktoren beruht, darunter persönliche Erfahrungen, kultureller Hintergrund, Bildung, Werte und Überzeugungen. Diese individuellen Perspektiven beeinflussen, wie wir die Welt um uns herum wahrnehmen und interpretieren.

Die Wahrnehmung ist ein komplexer Prozess, der sowohl subjektiv als auch selektiv ist. Die Wahrnehmung ist subjektiv, da sie von der individuellen Interpretation und Verarbeitung von Informationen abhängt. Jeder Mensch nimmt seine Umwelt auf seine eigene Weise wahr, basierend auf seinen persönlichen Erfahrungen, seinem kulturellen Hintergrund und seiner individuellen Perspektive. Sie ist selektiv, da wir nicht alle verfügbaren Informationen gleichzeitig verarbeiten können. Stattdessen wählen wir bewusst oder unbewusst aus, welche Informationen wir beachten und welche wir ignorieren. Unsere Wahrnehmung wird durch Emotionen und Vorerfahrungen beeinflusst. Positive oder negative Gefühle können unsere Wahrnehmung einer Situation stark beeinflussen und frühere Erfahrungen können unsere Erwartungen und Annahmen prägen, die wiederum unsere Wahrnehmung beeinflussen. Das bedeutet, dass eine Führungskraft sich bewusst sein muss, dass jede Person oder Gruppe, die an einem Konflikt beteiligt ist, ihre eigene Wahrnehmung und Interpretation der Situation hat.

> Wahrnehmung ist subjektiv und selektiv.
> Wahrnehmung ist immer durch Emotionen und Vorerfahrung eingefärbt.

Dieses Wissen ist hilfreich, um ein Konfliktgespräch vorzubereiten oder zu führen.

Um die Wahrscheinlichkeit erfolgreicher Ergebnisse zu erhöhen, ist eine sorgfältige Planung und Vorbereitung des herausfordernden Gesprächs förderlich. Es ist vorab gut zu überlegen, wie schwierige Themen angesprochen werden können und wie Mitarbeitende oder andere Personen, wie z.B. Eltern, ermutigt werden können, sich zu öffnen.

Im Gespräch hilft es, mit klaren und präzisen Beobachtungen und Beispielen zu argumentieren und das Gespräch gut zu strukturieren. Folgende Aspekte sollten berücksichtigt werden:

- Vorbereitungsphase:
  Konfliktklärung: Es ist wichtig, die Gründe des Konflikts und die beteiligten Parteien zu verstehen, sich mit den Fakten vertraut zu machen und die Perspektiven der Beteiligten nachvollziehen zu können.
  Zieldefinition: Es gilt zu überlegen, welches Ziel mit dem Gespräch erreicht werden soll. Es könnte darum gehen, eine Lösung zu finden, Missverständnisse zu klären oder eine Vereinbarung zu treffen.
  Terminfindung: Es muss ein geeigneter Zeitpunkt und Ort für das Gespräch gefunden werden. Wichtig ist, dass genügend Zeit zur Verfügung steht, um das Gespräch in Ruhe führen zu können.
  Gesprächsleitfaden: Eine Liste von Fragen oder Themen, die angesprochen werden sollen, kann helfen, das Gespräch zu strukturieren.
- Durchführung des Gesprächs:
  Neutralität und Einfühlungsvermögen: Dazu gehört, das Gespräch mit einer respektvollen und einfühlsamen Haltung zu beginnen

6.2 Herausfordernde Gespräche/Konfliktgespräche führen

und Verständnis für die Gefühle der beteiligten Parteien zu zeigen. Es ist hilfreich, nicht nur die Unterschiede, sondern auch Gemeinsamkeiten im Gespräch zu berücksichtigen.

Aktives Zuhören: Dafür ist es wichtig, den Beteiligten zu erlauben, ihre Sichtweise zu erklären und aktiv zuzuhören. Was gehört wurde, wiederholen, um sicherzustellen, dass es richtig verstanden wurde.

Sachlichkeit/Vermeidung von Schuldzuweisungen: Es ist ratsam, Schuldzuweisungen zu vermeiden und stattdessen den Fokus auf die Ursachen des Konflikts und dessen Auswirkungen auf die Beteiligten zu legen. Eine Analyse der Gründe für den Konflikt und dessen Auswirkungen auf die beteiligten Personen ist empfehlenswert.

Fragen stellen: Offene Fragen können dazu beitragen, dass die Beteiligten ihre Bedenken und Bedürfnisse äußern. Sie ermöglichen es, Gespräche zu vertiefen, Informationen zu sammeln, Meinungen zu erfahren und den Gesprächspartner dazu zu ermutigen, seine Gedanken und Gefühle auszudrücken.

Gemeinsame Lösungsfindung: Es ist wichtig, gemeinsam mit allen Beteiligten an Lösungen zu arbeiten. Dabei sollten sie ermutigt und begleitet werden, Vorschläge zu machen und Kompromisse einzugehen.

* Abschluss des Gesprächs: In einem Konfliktgespräch werden die Hauptpunkte und getroffenen Vereinbarungen zusammengefasst. Diese Vereinbarungen werden schriftlich festgehalten und von den Beteiligten überprüft und unterschrieben. Es lohnt sich auch, ein Auge darauf zu haben und frühzeitig zu intervenieren, wenn der Konflikt erneut auftritt oder Vereinbarungen nicht eingehalten werden.

Um ein Gespür für einen möglichen Verlauf eines Gespräches zu bekommen, ist hier ein mögliches Szenario. Zunächst ist es wichtig, eine ruhige und ungestörte Atmosphäre für das Gespräch zu schaffen. Die Kita-Leitung könnte das Gespräch mit einer neutralen Feststellung des Problems beginnen, z. B.: »Mir ist aufgefallen, dass es in letzter Zeit einige Missverständnisse zwischen uns gab. Ich denke, es wäre hilfreich, wenn wir darüber sprechen und uns austauschen.« Anschließend hat das Gegenüber (Mitarbeitender oder Eltern) die Möglichkeit, die eigene Sicht darzustellen. Während dieses Teils des Gesprächs ist es wichtig, aktiv zuzuhören und Verständnis zu zeigen. Nachdem das Gegenüber seine Sichtweise dargelegt hat, könnte die Kita-Leitung ihre eigene Perspektive erläutern. Dabei sollte sie versuchen, sachlich zu bleiben und die Situation aus der Sicht der Kita zu beschreiben. Im nächsten Schritt könnten beide Parteien gemeinsam nach Lösungen suchen. Eine mögliche Frage wäre: »Wie können wir Deiner/Ihrer Meinung nach die Situation verbessern?« und es könnten eigene Vorschläge eingebracht werden. Zum Abschluss des Gesprächs könnten konkrete Vereinbarungen getroffen und das weitere Vorgehen besprochen werden. Es ist wichtig, dass beide Parteien das Gefühl haben, gehört und verstanden zu werden, und dass sie gemeinsam an einer Lösung arbeiten. Ein solches Gespräch erfordert Fingerspitzengefühl und Empathie, kann aber dazu beitragen, Missverständnisse zu klären und die Beziehung zwischen Kita-Leitung und Mitarbeitenden oder Kita-Leitung und Eltern zu stärken.

Ein Konfliktgespräch in einer Kita kann eine Herausforderung sein, aber mit der richtigen Vorbereitung und Herangehensweise kann es bestenfalls zu einer konstruktiven Lösung führen.

6.3 Deeskalationstechniken bei einem Konfliktgespräch

Wenn ein Konfliktgespräch mit Eltern oder Mitarbeitenden zu kippen droht, können verschiedene Deeskalationstechniken hilfreich sein.

6.3 Deeskalationstechniken bei einem Konfliktgespräch

Es ist wichtig, objektiv zu bleiben und keine subjektiven Bewertungen abzugeben. Um dem Gegenüber das Gefühl zu geben, verstanden und geschätzt zu werden, kann es hilfreich sein, sich in dessen Lage zu versetzen und dessen Gefühle und Bedenken zu verstehen, auch wenn die Meinungen unterschiedlich sind.

Im Gespräch sollten persönliche Angriffe oder Vorwürfe vermieden werden und stattdessen sollte der Fokus auf das eigentliche Problem gelegt werden. Wenn die Stimmung erhitzt ist, kann es nützlich sein, eine kurze Pause einzulegen, um allen Beteiligten die Möglichkeit zu geben, sich zu beruhigen.

Dies kann z.B. durch folgende Formulierungen kommuniziert werden:

- »Ich schätze unser Gespräch sehr und möchte sicherstellen, dass wir beide unsere Gedanken klar und ruhig äußern können. Vielleicht könnten wir eine kurze Pause einlegen und dann unser Gespräch fortsetzen?«
- »Ich merke, die Stimmung zwischen uns ist gerade etwas aufgeladen, ich würde eine kurze Pause vorschlagen um ... (zu lüften/ frisches Wasser oder Nervennahrung zu holen)«.
- »Ich denke, es könnte hilfreich sein, wenn wir uns beide einen Moment Zeit nehmen, um unsere Gedanken zu sammeln. Können wir eine kurze Pause einlegen?«
- »Ich schätze unser Gespräch und möchte, dass wir beide in der Lage sind, unsere Punkte effektiv zu kommunizieren. Es wäre gut, wenn wir eine kurze Pause machen und dann weitermachen.«
- »Es scheint, als ob die Dinge gerade etwas angespannt sind. Wie wäre es, wenn wir eine kurze Pause einlegen und dann mit frischem Kopf zurückkommen?«

Es kann hilfreich sein, zu betonen, dass das Ziel der Pause ist, das Gespräch wieder produktiv und konstruktiver zu gestalten. Anstatt sich auf das Problem zu konzentrieren, kann daraufhin versucht werden, das Gespräch in eine positive Richtung zu lenken, indem nach Lösungen gesucht wird.

Der Einsatz von Körpersprache kann ebenfalls dazu beitragen, eine Situation zu deeskalieren. Eine ruhige und entspannte Körperhaltung hilft dabei, die Situation zu beruhigen. Es ist wichtig, hektische oder unruhige Bewegungen zu vermeiden. Durch angemessenen Blickkontakt und Nicken können Verständnis und Aufmerksamkeit signalisiert werden. Um das Gegenüber nicht zu bedrängen, ist es wichtig, einen angemessenen persönlichen Raum zu wahren. In Gesprächen mit herausfordernden Eltern oder in unsicheren Situationen sollte die Interaktion bewusst gestaltet werden. Eine Möglichkeit hierfür besteht darin, das Gespräch nicht allein zu führen, die Sitzpositionen vorher festzulegen (z. B. als Kita-Leitung in der Nähe der Tür oder in Fluchtrichtung zu sitzen), die Tür offen zu lassen oder darauf zu achten, dass eine Person in unmittelbarer Rufweite ist.

»Die größte Schwierigkeit der Welt besteht nicht darin, Leute zu bewegen, neue Ideen anzunehmen, sondern alte zu vergessen.«
(John Maynard Keynes)

Ein Gespräch sollte abgebrochen werden, wenn keine konstruktive Kommunikation mehr möglich ist oder man sich bedroht fühlt. Mögliche Gründe dafür sind zu große Emotionen, persönliche Angriffe oder eine ablehnende Haltung einer Partei gegenüber den Anliegen der anderen.

In solchen Fällen kann das Gespräch auf folgende Weise beendet werden:

- »Ich habe das Gespräch mit Ihnen sehr geschätzt, aber ich denke, wir kommen im Moment nicht voran. Wenn wir beide etwas Zeit zum Nachdenken haben, möchte ich das Gespräch zu einem späteren Zeitpunkt fortsetzen.«
- »Es scheint, als ob die Stimmung momentan angespannt ist. Ich denke, es wäre das Beste, wenn wir das Gespräch zu einem späteren Zeitpunkt weiterführen.«
- »Ich spüre, dass unser Gespräch momentan nicht so verläuft wie geplant. Deshalb schlage ich vor, dass wir es jetzt beenden und zu einem späteren Zeitpunkt fortsetzen.«

Die individuelle Sicherheit hat stets oberste Priorität. In einer Situation, in der die Zusammenarbeit mit den Eltern trotz ausreichender Bemühungen nicht möglich ist, ist es sinnvoll, den Träger unverzüglich zu informieren und gemeinsam geeignete Maßnahmen zu besprechen, um eine weitere Eskalation zu vermeiden.

Deeskalationstechniken sind nur ein Teil eines umfassenderen Führungssystems. Dies führt nun zum nächsten Kapitel: Systemisches Führen.

6.4 Systemisch führen

Systemisches Führen geht über die unmittelbare Interaktion hinaus und betrachtet die Kita als Ganzes. Jede Interaktion, jeder Konflikt und jede Lösung ist Teil eines größeren Systems. In diesem Kapitel wird ausgeführt, wie Führungskräfte dieses Wissen nutzen können, um effektiv zu führen und eine positive, unterstützende Umgebung zu schaffen.

Der systemische Ansatz betrachtet das gesamte System einer Kita, einschließlich der Beziehungen zwischen den verschiedenen Akteuren, um eine effektive und nachhaltige Führung zu ermöglichen. Die Fähigkeit, ein Team zu leiten, zu motivieren und zu inspirieren, wird immer entscheidender, da die Rolle der Kita-Leitung zunehmend komplexer wird.

Systemische Führung als ein Werkzeug für gute Führung bedeutet, die Kita als ein komplexes, miteinander verbundenes System zu betrachten. Alle Aspekte der Kita werden als Teil des Gesamtsystems berücksichtigt.

Die wachsende Komplexität der Arbeitswelt betrifft auch Kitas. Eine feste Planung in der Kita ist sinnvoll, wenn wir in stabilen Phasen mit wenigen Veränderungen oder äußeren Einflüssen arbeiten. Wenn jedoch an den Führungsalltag als Kita- Leitung gedacht wird, inklusive der täglichen Veränderungen durch Personalmangel, ist es wichtig, mit Veränderungen flexibel umzugehen und Planungen sowie Ziele immer wieder neu anzupassen.

In der heutigen Arbeitswelt werden die Begriffe »kompliziert« und »komplex« oft verwendet, um unterschiedliche Arten von Problemen oder Aufgaben zu beschreiben.

Kompliziert:

- Komplizierte Aufgaben oder Probleme sind in der Regel gut strukturiert und können in mehrere Schritte oder Teilaufgaben unterteilt werden.
- Es gibt klare Ursache-Wirkungs-Beziehungen und vorhersagbare Ergebnisse.
- Lösungen können oft durch Analyse, Expertenwissen und klare Anweisungen gefunden werden.
- Komplizierte Situationen erfordern oft technisches Fachwissen oder Spezialkenntnisse, um sie zu bewältigen.

Komplex:

- Komplexe Aufgaben oder Probleme zeichnen sich durch Unvorhersehbarkeit, Vielfalt und Unsicherheit aus.
- Es gibt oft viele unbekannte Variablen und Wechselwirkungen zwischen den Elementen, die die Situation beeinflussen.
- Lösungen sind nicht leicht vorhersehbar und erfordern kreatives Denken, Anpassungsfähigkeit und Experimentieren.
- Komplexe Situationen erfordern oft mehrdeutige, kontinuierliche Bewertung und das Einbeziehen verschiedener Perspektiven.

Die Arbeitswelt ist als ein vielschichtiges Puzzle anzusehen. Es ist wie ein großes System, in dem alles miteinander verknüpft ist. Wie können wir mit der Komplexität gut umgehen?

6.4 Systemisch führen

In komplexen Situationen ist es notwendig, offen für neues Wissen und Erfahrungen zu bleiben. Nur so können wir lernen. Vorausgesetzt, wir sind bereit, Veränderungen anzunehmen. Die Herangehensweise an die Komplexität der Arbeitswelt erfordert Geduld und Anpassungsbereitschaft, denn es gibt selten einfache oder eindeutige Lösungen.

Systemisches Denken und systemische Grundhaltungen sind daher nicht nur Werkzeuge zur Bewältigung der zunehmenden Komplexität der Arbeitswelt, sondern auch Prinzipien, die zur Schaffung eines gelingenden Arbeitsumfelds beitragen. Das systemische Denken ist ein Ansatz, der davon ausgeht, dass alles in einem System miteinander verbunden ist und sich gegenseitig beeinflusst.

Jeder Mensch betrachtet die Welt aus seiner individuellen Sicht und ordnet seine Erfahrungen und Muster in diese ein. Eine wichtige systemische Grundlage ist das Beibehalten einer positiven Einstellung und einer Haltung, die sich von »entweder oder« zu »sowohl als auch« entwickelt. Bei der Bewertung und Beurteilung einer oder eines Mitarbeitenden gilt es nicht nur zu entscheiden, ob sie bzw. er fähig ist oder nicht, sondern auch zu berücksichtigen, dass jeder Mitarbeitende sowohl Schwächen als auch Stärken hat. Daher ist es wichtig, auch die Kompetenzen der bzw. des Mitarbeitenden zu sehen und nicht nur Fehler oder Schwächen.

Auch die Positive Psychologie trifft dazu Aussagen. Darin gilt es, das Wohlbefinden, die Stärken und das positive Potenzial von Individuen zu fördern, anstatt sich ausschließlich auf die Korrektur von Schwächen und Problemen zu konzentrieren. Hinsichtlich der Frage, ob es sinnvoller ist, Schwächen auszugleichen oder an seinen Stärken zu arbeiten, würde die Positive Psychologie tendenziell die stärkenbasierte Ansicht bevorzugen.

Einige Schlüsselprinzipien und Überlegungen aus der Sicht der Positiven Psychologie sind nachfolgend zusammengefasst:

1. Stärkenorientierung: Die Positive Psychologie legt den Fokus auf die Erkennung und Förderung von individuellen Stärken und Ta-

lenten. Die Annahme ist, dass sich die Konzentration auf bereits vorhandene Stärken positiv auf das Wohlbefinden auswirken kann.
2. Flow-Erlebnisse: Menschen erfahren häufig einen Zustand des »Flow«, wenn sie in Tätigkeiten involviert sind, die ihren Stärken entsprechen. »Flow« beschreibt den Zustand, in dem jemand sich vollständig in seine Arbeit vertieft und ein starkes Gefühl der Zufriedenheit und Erfüllung erlebt.
3. Selbsterfüllung: Das Streben nach persönlicher Verwirklichung und einem sinnvollen Leben ist ein zentrales Anliegen der Positiven Psychologie. Individuen werden ermutigt, ihre Stärken zu nutzen, um ihre eigenen Ziele und Träume zu verfolgen.
4. Resilienz: Die Förderung von individuellen Stärken kann dazu beitragen, die Resilienz gegenüber Lebensherausforderungen zu erhöhen. Personen, die ihre Stärken identifizieren und nutzen, tendieren dazu, besser mit Stress und Schwierigkeiten umgehen zu können.

Die Positive Psychologie empfiehlt, Schwächen nicht vollständig zu ignorieren. Jedoch kann die Fähigkeit, mit Schwächen umzugehen und sie zu minimieren, ein Ansatzpunkt für die Weiterentwicklung sein. Allerdings betont die Positive Psychologie, dass das Hauptaugenmerk auf der Entwicklung und dem Einsatz von Stärken liegen sollte, um das Potenzial eines Individuums vollständig auszuschöpfen und das Wohlbefinden zu steigern.

Durch die Unterscheidung zwischen Befindlichkeiten und Bedürfnissen kann eine Führungskraft effektiver auf die Anliegen der Teammitglieder eingehen und somit deren Zufriedenheit, Produktivität und Motivation steigern. Es ist hilfreich, die emotionalen Komponenten von den tatsächlichen Aussagen zu trennen. Gezieltes Nachfragen kann dazu beitragen, Gefühlslagen und Bedürfnisse korrekt zu verstehen. Es ist förderlich, wenn das Team ermutigt wird, Gedanken und Gefühle offen zu äußern. Häufig äußern Teammitglieder ihre Emotionen und Sorgen, was jedoch oft zu Schwierigkeiten in der Zusammenarbeit führt.

6.4 Systemisch führen

Sobald es offensichtlich ist, dass jemand emotional reagiert, ist es hilfreich, die zugrunde liegenden Bedürfnisse zu identifizieren, die nicht erfüllt werden. Beispielsweise kann jemand frustriert sein, weil er das Gefühl hat, nicht genügend Ressourcen für seine Arbeit zur Verfügung zu haben. Diese Befindlichkeiten behindern oft die Zusammenarbeit im Team. Daher sollte den emotionalen Zuständen nicht zu viel Aufmerksamkeit geschenkt werden. Stattdessen sollte das zugrunde liegende Bedürfnis hinter dem gezeigten Gefühl analysiert werden.

Der Fokus sollte darauf liegen, die Bedürfnisse des Teams zu erfüllen, anstatt sich ausschließlich auf die Befindlichkeiten zu konzentrieren. In der Rolle einer Führungskraft besteht die Aufgabe darin, die jeweiligen Bedürfnisse der Teammitglieder wahrzunehmen und gegebenenfalls zu bedienen.

Menschen haben grundlegende Bedürfnisse, die ihre physische und psychische Gesundheit sowie ihr Wohlbefinden beeinflussen. Diese Bedürfnisse werden oft in verschiedene Kategorien unterteilt, wobei die genaue Anzahl und Benennung der Kategorien je nach Theorie variieren kann. Die Bedürfnisse werden in Kapitel 3.4 vorgestellt (▶ Kap. 3.4).

Das Finden gemeinsamer Lösungen ist eine Möglichkeit, um die Arbeitsumgebung und die Zusammenarbeit so zu verbessern, dass die Bedürfnisse aller erfüllt werden. Wenn jedoch die emotionalen Aspekte der Teammitglieder die Zusammenarbeit beeinflussen, gibt es einige wissenschaftlich fundierte Tipps, wie darauf reagiert werden kann.

Es ist zentral, sowohl die eigenen Emotionen als auch die der Anderen zu erkennen, zu verstehen und adäquat darauf zu reagieren. Durch die Entwicklung emotionaler Kompetenz bei sich selbst und im Team können Stimmungen effektiver gemanagt werden. Auch Konflikte sind oft mit Befindlichkeiten verbunden. Daher ist ein gutes Konfliktmanagement wichtig, um Konflikte konstruktiv anzugehen, zu lösen und daraus Lernmöglichkeiten zu gewinnen.

Befindlichkeiten können oft aus stressigen Situationen resultieren. Teammitglieder sollten bei der Bewältigung von Stress unterstützt werden und es sollten Ressourcen zur Verfügung gestellt werden, um Stresssituationen zu bewältigen.

Führungskräfte sollten auch selbst mit gutem Bespiel vorangehen und ein gesundes Verhalten in Bezug auf die Bewältigung von Befindlichkeiten zeigen. Teammitglieder lernen auch an Führungskräften als Vorbildern, wie sie mit Emotionen und Stress umgehen können.

> *Tipp:* Eine Atemmethode, die in Stresssituationen recht gut und effektiv eingesetzt werden kann, ist die 4–7–11-Methode. Bei dieser Methode atmet man vier Sekunden ein, hält den Atem für sieben Sekunden an und atmet dann elf Sekunden aus. Diese Atemtechnik ist eine gute Technik zur Entspannung.

6.5 Fehlerakzeptanz: Fehler sind wichtige Lernerfahrungen!

»Man kann niemals den gleichen Fehler zweimal machen. Denn: beim zweiten Mal ist es kein Fehler, sondern eine Entscheidung.«
(unbekannt)

Beim Einnehmen einer neuen Rolle als Kita-Leitung oder auch im Verlauf einer längeren Tätigkeit in dieser Funktion können Fehler passieren. Eine Kita, die eine Fehlerkultur pflegt und ein akzeptierendes Klima lebt, schafft jedoch eine Umgebung, in der Fehler als normale und akzeptable Aspekte des Lernprozesses betrachtet werden. Wie aber kann eine solche Kultur gefördert und unterstützt werden?
Hier sind wichtige Aspekte zu:

6.5 Fehlerakzeptanz: Fehler sind wichtige Lernerfahrungen!

- Lerngelegenheiten: Fehler sind Gelegenheiten zum Lernen. Fehler werden nicht als Versagen, sondern als Schritte auf dem Weg zur Verbesserung gesehen. Dies schafft ein Umfeld der psychologischen Sicherheit, in dem Mitarbeitende sich sicher und wohl fühlen. Folglich sind sie eher bereit, an Diskussionen und Aktivitäten teilzunehmen und sich zu engagieren.
- Vorbildverhalten: Die Erwachsenen in der Kindertagesstätte haben eine Vorbildfunktion, indem sie zeigen, wie man Fehler eingesteht, verantwortungsvoll handelt und konstruktive Schritte unternimmt, um Fehler zu korrigieren. Dies trägt zur Entwicklung sozialer und emotionaler Kompetenzen bei. Auch in unserer Vorbildrolle ist die Akzeptanz von Fehlern von großer Bedeutung, um Kinder in ihrer Entwicklung zu stärken. In einer Kita mit einer offenen Fehlerkultur werden die Kinder dazu ermutigt, sich frei auszudrücken und neue Dinge auszuprobieren, ohne Angst vor Bestrafung oder Kritik haben zu müssen. Dies trägt maßgeblich zur Förderung ihrer Selbstständigkeit, Kreativität und ihres Selbstvertrauens bei. Damit wird ein förderliches Umfeld für das Lernen und die Entwicklung unterstützt.
- Kontinuierliche Verbesserung: Die Kindertagesstätte setzt sich kontinuierlich das Ziel, ihre Praktiken und Ansätze zu verbessern. Die Mitarbeitenden nehmen Feedback ernst und nutzen es, um ihre Arbeit zu optimieren. Eine positive Teamkultur gründet sich auf der Bereitschaft zum Lernen und Wachsen.

Das Zitat von Samuel Beckett über das Scheitern lautet: »Immer versucht, immer gescheitert, egal. Versuch' es wieder. Scheitere erneut. Scheitere besser.« Das bedeutet, trotz Misserfolgen nicht aufzugeben, sondern daraus zu lernen, um es beim nächsten Mal besser zu machen. Er versteht Scheitern (Fehler machen) als Teil des Entwicklungsprozesses und dass es wichtig ist, aus diesen Fehlern zu lernen und weiterzumachen. Das kontinuierliche Streben nach Verbesserung durch Lernen aus Fehlern kann als Metapher für die Prozesse des Lernens und der Systementwicklung in den Theorien des Konstruktivismus und der Systemtheorie gesehen werden.

6.6 Lösungsorientiert an Problemstellungen herangehen

»Reden über Probleme schafft Probleme. Reden über Lösungen schafft Lösungen.«
(Steve De Shazer)

Das Zitat von Steve De Shazer betont die Wichtigkeit einer positiven Herangehensweise an Herausforderungen. Es legt nahe, dass die Konzentration auf Probleme oft zu einer Vertiefung dieser führt, während die Fokussierung auf Lösungen dazu beiträgt, positive Ergebnisse zu erzielen.

Lösung suchen, statt Probleme zu wälzen: Die lösungsorientierte Herangehensweise zielt auf die Erarbeitung von Lösungen und positiven Veränderungen ab, ohne die Analyse von Problemen und ihrer Ursachen auszublenden. Diese Methode ermutigt dazu, Ressourcen, Stärken und bereits vorhandene Lösungsansätze zu identifizieren und zu nutzen, um positive Veränderungen herbeizuführen. Der Fokus liegt auf den bereits erfolgreich umgesetzten Lösungsschritten, um diese weiter zu verbessern. Durch die systemische Grundhaltung, welche die Aufmerksamkeit auf Ressourcen und Beziehungen lenkt, können positive Veränderungen gefördert werden. Lösungsansätze können auf den bereits vorhandenen Stärken und Ressourcen im System aufbauen.

Anthony Robbins ist ein US-amerikanischer Motivationsredner, Autor und Coach für Persönlichkeitsentwicklung. Er hat fünf Fragen erarbeitet, die den Fokus auf die Lösungsorientierung richten. Die Fragen sollen dabei unterstützen, Probleme zu analysieren, Lösungsansätze zu entwickeln und effektiv umzusetzen:

1. Was ist das eigentliche Problem? – Klarheit über die Herausforderung schaffen.
2. Was hindert mich als Leitung/uns als Team daran, eine Lösung zu finden? – Identifikation von Hindernissen oder Denkmustern.

6.6 Lösungsorientiert an Problemstellungen herangehen

3. Welche Schritte kann ich/können wir unternehmen, um eine Lösung zu finden? – Entwicklung eines konkreten Handlungsplans.
4. Warum ist es wichtig, das Problem zu lösen? – Motivation und Sinnhaftigkeit klären.
5. Wie kann ich/können wir die Lösung effizient umsetzen? – Optimierung des Umsetzungsprozesses.

Die Diskussion neuer Ideen für Arbeitsabläufe für sich selbst oder mit dem Team kann zur Problemlösung beitragen.

7 Mit kreativen Ideen zu neuen Lösungen

Nach der thematischen Auseinandersetzung mit dem Umgang mit Problemen werden jetzt Veränderungen in den Blick genommen. Probleme sind nicht nur Hindernisse, die es zu überwinden gilt, sondern auch Auslöser für Wachstum und Veränderung. Sie geben oft den Anstoß, Veränderungsprozesse in Gang zu setzen.

7.1 Die Kopfstandmethode

Die Kopfstandmethode ist eine kreative Technik, um Probleme aus einer anderen Perspektive zu betrachten (▶ Abb. 11). Dabei wird die ursprüngliche Fragestellung ins Negative gekehrt und nach Ideen gesucht, wie das Problem verschlimmert werden könnte.

Die Problemstellung sollte als konkrete Frage verfasst werden, z. B.: »Wie können wir respektvoll im Team miteinander reden?«.

Wir negieren die Fragestellung, z. B.: »Wie können wir respektlos im Team miteinander reden?«:

- Wir lassen uns nicht ausreden.
- Wir lachen den Anderen aus?
- ...

Wenn durch diese Methode bewusst geworden ist, wie das Problem verschlimmert werden kann, können die gewonnenen Erkenntnisse nun dazu verwendet werden, Lösungsansätze zu formulieren. Dazu werden die negativen Ideen zunächst in positive Vorsätze umgewandelt. Ein Beispiel hierfür ist die Umkehrung der Aussage »Wir lassen uns nicht ausreden« in »Wir hören einander aktiv zu und ermöglichen jedem, seine Gedanken vollständig auszudrücken«. Im Anschluss erfolgt eine Prüfung der umgekehrten Lösungen hinsichtlich ihrer Umsetzbarkeit und Wirkung. Die vielversprechendste Lösung kann für die Umsetzung im Team ausgewählt werden.

Abb. 11: Kopfstandmethode (eigene Darstellung)

7.2 Kreative Ideen sammeln

In gemeinsamen Teamsitzungen kann es vorkommen, dass keine Ideen aufkommen, wenn die Frage gestellt wird, wer welche hat. Besonders bei komplexen Themen ist es empfehlenswert, das Team durch eine Moderation zu begleiten.

Eine Methode, die häufig unterschätzt wird, ist das Brainstorming. Das ist eine Methode, um viele und unterschiedliche Ideen zu einem bestimmten Thema oder Problem zu sammeln. Dabei werden die Ideen spontan und ohne Bewertung geäußert, um die Kreativität zu fördern. Dabei geht es vor allem um spontane assoziative Verknüpfungen nach dem Motto »Quantität statt Qualität«. Eine wichtige Voraussetzung für ein gelingendes Brainstorming ist, das Problem klar zu benennen und zu begrenzen. Für die Dynamik ist es förderlich, die Äußerungen in den Raum zu werfen und nicht über ein Handzeichen eine gewünschte Äußerung aufzuzeigen. Eine wichtige Regel ist, sich Diskussionen und Kritik für einen späteren Zeitpunkt aufzuheben und die Äußerungen der Teilnehmenden nicht zu kommentieren.

Das Brainwriting basiert auf dem Brainstorming. Der Unterschied besteht darin, dass die Ideen auf einem Kärtchen schriftlich festgehalten werden.

7.3 Die Walt-Disney-Methode

Die Walt Disney-Methode ist eine weitere Möglichkeit, um kreativ Ideen zu sammeln. Dabei handelt es sich um eine von Robert B. Dilts entwickelte Kreativitätstechnik, die angeblich auf Walt Disney zurückgeht und bei der eine oder mehrere Personen ein Problem/eine Frage aus drei Perspektiven betrachten und diskutieren (vgl. Schawel, Billing, 2012).

In einem ersten Schritt wird die Frage, das Problem oder das Ziel möglichst konkret formuliert. Anschließend wird dieses aus verschiedenen Blickwinkeln beleuchtet und bearbeitet. Im Mittelpunkt steht dabei die Einnahme von drei verschiedenen Rollen: der Träumer, der Realist und der Kritiker.[2] Jede Rolle stellt eine andere Sichtweise auf das Problem oder die Fragestellung dar. Das Ziel der Methode besteht darin, kreative Lösungen zu finden und auf ihre Umsetzbarkeit zu überprüfen.

---

2 Da sich der Abschnitt auf die Walt-Disney-Methode bezieht, werden die einzelnen Rollen-Bezeichnungen nicht gegendert.

Der Träumer

Der Träumer geht davon aus: Alles ist möglich! In der Einnahme dieser Rolle sieht die teilnehmende Person keine Risiken und Probleme, sondern geht von einer idealen Welt aus. In dieser Rolle kann ohne Grenzen fantasiert werden.

Der Realist

Der Realist betrachtet das Thema bzw. die Fragestellung von der praktischen Seite: Was ist machbar? Was ist praktikabel?

Der Kritiker

Der Kritiker fragt vor allem nach den Stolpersteinen oder nach den Problemen. Er beleuchtet die möglichen Schwierigkeiten, die auftreten können.

Die Walt-Disney-Methode kann allein oder im Team durchgeführt werden. Die Methode fördert das kreative Denken und die praktische Einschätzung und Bewertung von Ideen und ist einfach einsetzbar. Die Walt-Disney-Methode hat sich als wertvolles Werkzeug in verschiedenen Bereichen wie Projektmanagement, Problemlösung, Entscheidungsfindung und Kreativitätsförderung bewährt.

Angenommen, die Leitung einer Kita und ihr Team stehen vor der Herausforderung, die Eltern stärker in die Kita-Aktivitäten einbeziehen zu wollen. Sie nutzen die Walt-Disney-Methode, um dafür Ideen zu entwickeln und zu bewerten.

- Träumer: In dieser Phase denkt das Team groß und stellt sich vor, was möglich wäre, wenn alle Eltern aktiv an den Kita-Aktivitäten teilnehmen würden. Sie könnten sich vorstellen, dass die Eltern regelmäßig an Elterncafés teilnehmen, bei Ausflügen helfen oder sogar eigene Aktivitäten organisieren.

- Realist: Nachdem sie ihre Träume und Ideen festgehalten haben, wechseln sie in die Rolle des Realisten. Sie betrachten ihre Ideen und fragen sich, wie sie diese in die Praxis umsetzen können. Welche Ressourcen haben sie tatsächlich zur Verfügung? Was ist machbar? Vielleicht entscheiden sie sich dafür, regelmäßige Eltern-Kind-Nachmittage zu organisieren und eine Online-Plattform einzurichten, auf der die Eltern sich austauschen und eigene Aktivitäten planen können.
- Kritiker: Schließlich nehmen sie die Rolle des Kritikers ein und betrachten ihre Pläne kritisch. Sie fragen sich, welche Herausforderungen und Hindernisse sie erwarten könnten. Vielleicht erkennen sie, dass nicht alle Eltern die Zeit oder die Fähigkeiten haben, um aktiv an den Kita-Aktivitäten teilzunehmen, oder dass sie die Eltern besser über die Möglichkeiten der Beteiligung informieren müssen.

Durch das Durchlaufen dieser drei Rollen kann das Kita-Team ein umfassendes Bild von ihrem Projekt erhalten und einen effektiven Plan für die Umsetzung entwickeln. Sie können ihre kreativen Ideen erforschen, praktische Lösungen finden und potenzielle Herausforderungen antizipieren, bevor sie auftreten.

7.4 Zu Entscheidungen kommen

Um strukturiert an ein Problem heranzugehen, bieten sich folgende Fragen an (siehe dazu Meier 2012, S. 67):

- Welches ist der beste Weg?
- Wo stehen wir?
- Wohin wollen wir?
- Welche Wege gibt es?

7.4 Zu Entscheidungen kommen

Die Wahl der geeigneten Methode hängt von verschiedenen Faktoren ab, darunter die Dringlichkeit der Entscheidung, die Größe des Teams, die Bedeutung der Entscheidung und die Teamdynamik. Oftmals ist es auch sinnvoll, eine Kombination verschiedener Methoden je nach der Art der Entscheidung und den Bedürfnissen des Teams zu verwenden. Eine effektive Entscheidungsfindung erfordert eine klare Kommunikation und die Berücksichtigung verschiedener Perspektiven, um die bestmöglichen Ergebnisse zu erzielen.

In der Welt der Teamarbeit und Entscheidungsfindung gibt es verschiedene Ansätze, die Teams nutzen können, um zu gemeinsamen Entscheidungen zu gelangen. Diese Methoden bieten verschiedene Vor- und Nachteile, je nach den spezifischen Bedürfnissen, Zielen und der Kultur eines Teams.

Eine häufige Methode ist der Konsens, bei dem das Ziel darin besteht, eine Entscheidung zu finden, mit der alle Teammitglieder einverstanden sind. Dies erfordert oft eine gründliche Diskussion, Kompromisse und die Bereitschaft aller, ihre Standpunkte anzupassen.

Eine alternative Methode ist die Mehrheitsentscheidung, bei der das Team über eine Option abstimmt und diejenige mit den meisten Stimmen akzeptiert wird. Dies kann zu schnelleren Entscheidungen führen, birgt jedoch das Risiko, dass einige Teammitglieder sich nicht repräsentiert fühlen.

Manchmal kann die Kita-Leitung autoritär eine Entscheidung treffen, insbesondere in Notfällen oder bei Zeitdruck. In solchen Fällen hat die Autorität die alleinige Entscheidungsgewalt. Kreativere Teams könnten eine Methode wählen, bei der sie versuchen, konsensbasierte Entscheidungen durch die Sammlung kreativer Ideen und Lösungen von allen Teammitgliedern zu finden, bis eine Option gefunden wird, die von allen unterstützt wird.

Es ist wichtig, zielführend zu prüfen, welche Methode angewendet wird. Die häufigste Form ist die demokratische Entscheidung oder die Kita-Leitung gibt Entscheidung aus bestimmten Gründen vor.

7.5 Reflexionsmethoden

»Daumen-Methode«
Einfache und schnelle Rückmeldung
Die Teammitglieder sitzen im Kreis und werden auf ein Kommando aufgefordert mit dem Daumen ein Feedback zu geben. Dabei sind nur 3 Stellungen erlaubt:

* Daumen nach oben bedeutet: Alles gut – super.
* Zeigt der Daumen zur Seite bedeutet es: Es gab positive und negative Aspekte.
* Daumen nach unten: Nur negative Aspekte oder die negativen Aspekte überwiegen.

So erhält man innerhalb kürzester Zeit einen Überblick über die Stimmung im Team (oder eine Einschätzung darüber, wie Inhalte angekommen sind oder wie eine Übung verlaufen ist).

»Zahlenstrahl«
Skalierungsfrage
Aufstellung im Raum nach einer Skala von 1 bis 10. 10 ist ein Top-Ergebnis, 1 ganz schlecht. Die Mitarbeitenden sollen sich dann auf der Skala so hinstellen, wie sie beispielsweise das Ergebnis beurteilen, die heutige Arbeitsfähigkeit oder der aktuelle Gemütszustand.

Anschließend kann man fragen, was man tun kann, um das durchschnittliche Ergebnis +1 zu verbessern.

»**Stimmungsbarometer**«
Einfache und schnelle Methode
Am Ausgang des Besprechungsraumes wird ein Flipchart aufgehängt, bei dem jeder Teilnehmende beim Hinausgehen einen Punkt an dem Barometer hinterlässt, um so Stimmungen oder Rückmeldungen zum Inhalt abzufragen.

»**Heute habe ich ...**«
Mündliche Rückmeldung
Die Mitarbeitenden sollen Rückmeldung zum heutigen Thema/Inhalt geben. Dazu werden offene Fragen gestellt, wie beispielsweise:

- Heute fand ich erstaunlich, dass ...
- Heute war neu für mich ...
- Heute hat mir besonders ... gefallen
- Heute hat mir nicht gefallen, dass ...
- Heute habe ich ... gelernt.
- Beim nächsten Mal wünsche ich mir ...
- Ich nehme mit nach Hause, dass ...
- Ich habe verstanden, ...

8 Bewährte Praktiken und praktische Tipps

8.1 Gestaltung von Teambesprechungen

Die Teamsitzung bzw. Teambesprechung ist ein wichtiger Bestandteil der pädagogischen Arbeit, da sie die Gelegenheit bietet, sich im Team zu pädagogischen Themen auszutauschen und die Qualität der pädagogischen Arbeit zu fördern. Die Teamsitzung sollte gut vorbereitet und strukturiert sein, das hilft dabei, diese effektiv durchzuführen. Hierfür ist es wichtig, die Themen schon geplant zu haben und das Team mit einzubeziehen. Je nach Größe des Teams kann die Überlegung hilfreich sein, ob die Teamsitzung in Bereichsteams, im Gesamtteam oder in Kleinteams durchgeführt werden soll. In kleineren Gruppen lassen sich Themen leichter und effizienter besprechen. Ein wichtiger Schwerpunkt sollte neben den organisatorischen Dingen, die erfahrungsgemäß sehr viel Zeit und Raum einnehmen, auch der Blick auf pädagogische Themen und auf den Kindern liegen. Teamsitzungen sind zudem ein wichtiges Instrument der Teamentwicklung, um das Teamgefühl zu stärken und alle pädagogischen Fachkräfte auf den gleichen Wissensstand zu bringen.

Ein entspannter Beginn und ein klares Ende der Teamsitzung ist wichtig. Das kann wie folgt gestaltet werden. Als Einstieg bietet sich eine Befindlichkeitsrunde an: Die Einladung an die Teammitglieder, ihre eigenen Gefühle zu teilen, unterstützt die bewusste Gestaltung der Zusammenarbeit und erleichtert das Verständnis von Verhaltensweisen, Reaktionen und Aussagen. Das Äußern von Stimmungen sollte jedoch stets freiwillig sein.

Es gibt verschiedene Methoden und Formate zur Stimmungsabfrage, die für unterschiedliche Zwecke und Gegebenheiten geeignet

8.1 Gestaltung von Teambesprechungen

sind. Am besten wird eine Frage ausgewählt, die zum Team passt und die gewünschte Atmosphäre für die Besprechung oder den Teamzusammenhalt schafft. Einstiegsfragen können lauten:

- Wie geht es Dir aktuell? Was beschäftigt dich?
- Alternativ kann zum Einstieg auch gefragt werden: Was ist Dir oder einer deiner Kolleginnen und Kollegen in den letzten Tagen gut gelungen?
- Was müsste heute sein, damit die heutige Teamsitzung erfolgreich ist?
- Ein auflockernder Einstieg ist auch die Frage: Wenn du ein Getränk wärst, was wärst du heute?

Es ist anschließend wichtig, in eine produktive Arbeitsatmosphäre zurückzukehren.

Nach der Teamsitzung wird bereits das Protokoll für die neue Teamsitzung vorbereitet. Auf diese Weise können aufkommende Themen sofort als neue Besprechungspunkte in die Vorlage für die Teamsitzung eingefügt werden. Es ist hilfreich, sich ein Zeitfenster zu setzen und zu überlegen, ob es sich bei dem Thema um eine Information, eine Diskussion mit offenem Ausgang oder eine Entscheidung (seitens der Kita-Leitung oder des Trägers) handelt. In Kapitel 6 werden verschiedene Methoden zur Entscheidungsfindung im Team vorgestellt (► Kap. 6). Es ist wichtig, dass auch Teammitglieder, die nicht am Entscheidungsprozess beteiligt waren, die Inhalte auf verständliche Weise nachlesen können. Eine hilfreiche Vorlage könnte wie in Tabelle 4 aussehen (► Tab. 4).

Tab. 4: Vorlage Teamprotokoll

Protokoll Teamsitzung Datum: Protokollant: Anwesend: Abwesend:				
Pädagogisch oder organisatorisch	Top	Zeit	Verantwortlicher	Bis wann
	Befindlichkeitsrunde			
Päd.	Thema: *Zusammenfassung des Besprochenen*			
Org.	Thema: *Zusammenfassung*			
Päd./Org.				
	Themenspeicher / offene Themen			

Offene Themen oder Aufgaben können farblich markiert werden, um einen besseren Überblick darüber zu erhalten, welche Punkte noch erledigt werden müssen. Dabei ist wichtig festzuhalten: Wer macht was, mit wem, bis wann?

Es ist auch wichtig, die Zeitpläne für Teambesprechungen einzuhalten und Diskussionen zeitlich klar zu begrenzen. Durch eine effiziente Gestaltung dieser Meetings kann ein Umfeld geschaffen werden, in dem Mitarbeitende motiviert sind, aktiv teilzunehmen, Ideen

8.2 Weitergabe von Informationen

einzubringen und gemeinsame Ziele zu erreichen. Dies stärkt nicht nur die Bindung der Mitarbeitenden, sondern auch die Motivation des Teams.

Es gibt verschiedene Arten von Protokollen, welche jeweils unterschiedliche Zwecke erfüllen. Ob bei Elterngesprächen, kritischen Meetings mit Mitarbeitenden oder der Dokumentation von Teamsitzungen – es ist immer wieder zu überdenken, welche Protokollierungsform am besten geeignet ist.
Unterscheiden lassen sich:

- *Wortprotokoll:* Dieses Protokoll dokumentiert wortwörtlich alle Aussagen. Es wird der genaue Wortlaut der Redebeiträge festgehalten. Dies gilt sowohl für die Beiträge der Beteiligten als auch für die anschließende Diskussion. Es ist sehr aufwändig, garantiert aber auch, dass kein wichtiges Detail verloren geht.

- *Ergebnisprotokoll:* Wenn nur die wichtigsten Ergebnisse einer Diskussion oder eines Gespräches festgehalten werden sollen, wird ein Ergebnisprotokoll geschrieben. Es beinhaltet nur die Ergebnisse und beschränkt sich auf die Resultate. Es ist weniger detailliert als ein Verlaufsprotokoll.

- *Verlaufsprotokoll:* Bei dieser Protokollform wird der genaue Verlauf eines Gesprächs oder einer Diskussion festgehalten. Es ist ausführlicher und genauer als ein Ergebnisprotokoll. Es hält den gesamten Ablauf einschließlich der wichtigsten Beiträge und Absprachen oder Ergebnisse in schriftlicher Form fest.

8.2 Weitergabe von Informationen

Eine klare und effiziente Kommunikation ist unerlässlich für eine erfolgreiche Zusammenarbeit im Team. Kein Teammitglied sollte das Gefühl haben, zu wenig Informationen zu erhalten oder in bestimmte

Themen nicht eingebunden zu sein. Indirekte Weitergaben bergen die Gefahr der Verfälschung.

Eine kleine Anekdote: Ich saß mit einer Mitarbeiterin und einem Mitarbeiter meines Teams in der Mittagspause und wir unterhielten uns. Ich weiß nicht mehr genau, wie wir darauf gekommen sind, aber die Mitarbeiterin sagte: »Jede Weiterleitung ist eine Interpretation«, worauf der Mitarbeiter antwortete: »Genau, deswegen nimmt man beim Sägen auch immer Maß vom ersten Stück Holz.« Da ich bereits mit der Arbeit an diesem Buch begonnen hatte, war ich sehr froh über diese Kommentare. Ich denke, die Aussagen zeigen sehr gut, wie wichtig es ist, Informationen gut zu strukturieren und zu gliedern.

Wenn Informationen von einer Person an eine andere weitergegeben werden, kann sich die Darstellung oder Interpretation der ursprünglichen Information ändern. Dies kann aufgrund von Unterschieden in der Wahrnehmung, im Verständnis oder in der Art und Weise, wie die Information vermittelt wird, geschehen. Daher ist es wichtig, bei der Weitergabe von Informationen darauf zu achten, welches Medium für die Weitergabe verwendet wird: mündlich, schriftlich, per E-Mail, telefonisch. In vielen Kitas hat es sich bewährt, ein Übergabebuch einzuführen, in dem wichtige Informationen schriftlich festgehalten werden, oder ein kurzes »Daily« bzw. eine Besprechung durchzuführen. Auch wenn die Kitas noch weit davon entfernt sind, agil miteinander zu arbeiten, so ist dies eine sehr gute Methode. Die Kita-Leitung sowie Vertreterinnen oder Vertreter der jeweiligen Gruppe bzw. des jeweiligen Bereichs (Krippe/Kindergarten) treffen sich zu einer festgelegten Zeit für maximal 15 Minuten und besprechen kurz die wichtigsten Punkte des Tages. Zum Beispiel: Wer ist krank, wer macht welche Angebote, Projekte, Ausflüge, welche Elterngespräche stehen an, was ist sonst noch wichtig?

Das hilft, Missverständnisse zu klären und alle auf den gleichen Stand zu bringen, denn oft sind mangelnde Absprachen oder Kommunikation der Grund, warum es immer wieder zu Konflikten im Team kommt.

8.3 Büroorganisation

Ordnung machen im Büro

Verschiedene Studien haben bestätigt, dass es einfacher ist, Informationen zu verarbeiten, wenn der Arbeitsplatz gut strukturiert und aufgeräumt ist. Ein unaufgeräumtes Büro beeinträchtigt nicht nur die Produktivität, sondern kann sich auch negativ auf das Wohlbefinden auswirken. Es wird empfohlen, das Büro tatsächlich täglich kurz vor Feierabend aufzuräumen. Das Prinzip der Ordnung gilt nicht nur für den Schreibtisch, sondern auch für den Computer. Es ist ratsam, den PC regelmäßig von unnötigen oder veralteten Dateien zu befreien. Auch die verschiedenen Ordner im Büro profitieren von einem Ordnungssystem. Um Unterlagen und Dokumente gut zu strukturieren und schneller zu finden, hilft eine präzise Beschriftung von Ordnern und ein durchdachtes Ablagesystem. Das hilft, Zeit zu sparen und die Ablage effizienter zu gestalten.

Zur einheitlichen Gestaltung der Ordnerrücken empfiehlt es sich, statt einer manuellen Beschriftung eine einheitliche Etikettenvorlage zu nutzen. Der Inhalt des Ordners sollte aus der Beschriftung ersichtlich sein, um eine klare Orientierung zu ermöglichen. Dabei sind eindeutige und unmissverständliche Bezeichnungen von Vorteil. Verschiedene Ordnerfarben können für unterschiedliche Themen wie Dienstpläne, Organisatorisches, Belehrungen, Pädagogisches, Bestellungen, Belegung usw. genutzt werden. Auch sollten die Inhalte der Ordner strukturiert sein, indem Register und Trennblätter verwendet werden.

Stapel abbauen

Es ist ein bekanntes Szenario: Der Montagmorgen im Büro beginnt und überall liegen Zettel und Stapel herum. Dies kann die Motivation erheblich beeinträchtigen. Aufgaben oder Hinweise auf Zetteln und in Stapeln im Büro können Zeit und Nerven kosten. Die Frage ist: Wie kann man diese schnell und effektiv reduzieren? Folgende Schritte können helfen:

- Schritt 1: Stapel grob vorsortieren
- Schritt 2: Unterlagen – ohne sich in Details festzulesen – in vier Kategorien einteilen:
  - *Stapel 1: Wegwerfen*
    Gleich in den Papierkorb oder schreddern (Datenschutz beachten)
  - *Stapel 2: Ablage*
    Unterlagen aus abgeschlossenen Aufgaben: Rechnungen, Verträge
  - *Stapel 3: Nachschlagen*
    Fachtexte, Gesetzestexte, Hintergrundinformationen, bei denen es wichtig ist, immer mal wieder nachzulesen oder nachzuschauen
  - *Stapel 4: Aktuelles*
    Bevorstehende und noch zu erledigende Aufgaben wie Protokolle, Verträge, offene Rechnungen
- Schritt 3: Der erste Stapel kann sofort angegangen werden – das geht am schnellsten. Wenn Sie Zeit haben, sortieren Sie die Unterlagen aus Stapel 2 ein. Danach können Sie die anderen beiden Stapel abarbeiten.

Ein Buch für alles einführen

Einer der besten Ratschläge für mich war, Notizzettel überflüssig zu machen. Anstatt überall Notizen zu machen und immer wieder kleine Zettel mit Aufgaben zu schreiben, hat es sich bewährt, ein großes Notizbuch zu verwenden, in dem alle Aufgaben, persönlichen Informationen und Notizen aufgeschrieben werden können. Wenn sie erledigt sind, streicht man sie durch.

Dies hilft, einen Überblick darüber zu bekommen, was noch offen ist. Es ist auch eine großartige Methode, um abgeschlossene Arbeit sichtbar zu machen und sich nicht überfordert zu fühlen, wenn überall Notizen mit Aufgaben hängen oder herumliegen. Als Kita-Leitung hat man oft das Gefühl, den Aufgaben nur hinterherzuhinken und nicht voranzukommen. Wenn die erledigten Aufgaben durchgestrichen werden, ist sichtbar, was bereits erledigt ist. Diese Methode wird sogar scherzhaft als »Zettel-Diät« bezeichnet.

Weitere Vorteile sind:

- Einsparung von Papier (Thema Nachhaltigkeit)
- Übersicht über alle Aufgaben und Termine
- Lange Suchzeiten werden vermieden
- Hervorheben dringlicher Aufgaben für einen guten Überblick
- Erledigte Aufgaben werden sichtbar
- Die stellvertretende Leitung hat ebenfalls Zugriff und kann nachvollziehen, welche Aufgaben bereits erfüllt wurden und welche noch offen sind. Dies erleichtert das Teilen wichtiger Informationen. Die Zettelwirtschaft bewirkt Stress, Frust und lange Suchzeiten. Dadurch, dass Suchzeiten reduziert und Ablenkungen vermieden werden, arbeitet es sich gelassener und effektiver.

8.4 Sprache schafft Wirklichkeit

In der Rolle der Kita-Leitung gibt es viele Verantwortlichkeiten und Aufgaben zu erfüllen. Das ständige »Ich muss« kann zu Stress und Überforderung führen. Kleine sprachliche Veränderungen können zu einer positiveren Einstellung beitragen und daran erinnern, dass man selbst die Kontrolle hat.

Hier ist ein Beispiel: Statt »Mit diesem schwierigen Elternteil muss gesprochen werden« könnte es heißen: »Mit diesem Elternteil wird ein konstruktives Gespräch geführt«.

Diese Formulierungsänderungen können dazu beitragen, Stress abzubauen, eine positivere Einstellung zu fördern und daran zu erinnern, dass es eine Kontrolle über Aktionen und Reaktionen gibt. Die Aussage »Sprache schafft Wirklichkeit« bezieht sich auf die Idee, dass unsere Worte und die Art und Weise, wie wir sie verwenden, unsere Wahrnehmung der Welt und unsere Erfahrungen mit ihr prägen. Wenn wir ständig »ich muss« sagen, kann das negative Auswirkungen haben, weil es einen Zustand des Zwangs oder der Verpflichtung erzeugt, der Stress und Unbehagen verursachen kann. Es kann uns das Gefühl geben, keine Kontrolle oder keine Wahl zu haben.

Stattdessen kann es hilfreich sein, eine Sprache zu verwenden, die mehr Autonomie und Wahlmöglichkeiten vermittelt. Zum Beispiel könnte »ich muss« durch »ich kann« oder »ich werde« ersetzt werden. Diese Formulierungen können uns daran erinnern, dass wir handlungsfähig sind und die Kontrolle über unsere Entscheidungen haben. Es ist ein kleiner sprachlicher Trick, der eine große Wirkung auf unsere Denkweise und unser Wohlbefinden haben kann. Der Ansatz des positiven Formulierens beinhaltet die Verwendung positiver Glaubenssätze oder Affirmationen. Dies bedeutet nicht, die Realität zu ignorieren oder zu leugnen. Es geht vielmehr darum, eine positivere Einstellung zu fördern.

Positive Affirmationen können im Alltag vielfältig eingesetzt werden. Sie können ein wichtiger Bestandteil eines guten Selbstmanagements sein (siehe auch ▶ Kap. 2). Es ist eine einfache Methode, die Herangehensweise oder Denkweise zu verändern und eine positive Einstellung zu fördern. Man kann eine oder mehrere positive Affirmationen auswählen und täglich wiederholen, z. B. morgens nach dem Aufstehen oder abends vor dem Schlafengehen. Es ist empfehlenswert, sie laut auszusprechen, in Gedanken zu wiederholen oder aufzuschreiben.

Atemübungen sind ebenfalls nützlich, um die Wiederholung der Affirmationen mit der Atmung zu verbinden. Eine Affirmation kann beispielsweise beim Einatmen in Gedanken wiederholt und beim Ausatmen losgelassen werden.

Es ist wichtig, Affirmationen zu wählen, die persönlich bedeutsam und relevant sind. Die Affirmationen sollten einen Bezug zur eigenen Person haben und im Präsens formuliert sein. Ein Beispiel für eine

8.4 Sprache schafft Wirklichkeit

Affirmation könnte lauten: »Ich bin fähig und stark« oder »Ich handle freundlich und respektvoll«.

Es kann einige Zeit dauern, bis Veränderungen sichtbar werden. Geduld und Konsequenz sind in der Praxis wichtig.

9 Elternarbeit

Im dynamischen Umfeld einer Kindertagesstätte spielt die Elternarbeit eine entscheidende Rolle. Sie bildet eine Brücke zwischen dem Elternhaus und der Kita und fördert die ganzheitliche Entwicklung des Kindes. Eine Definition von »Erziehungspartnerschaft« findet sich bei Vollmer:

»Erziehungspartnerschaft meint die gemeinsame Verantwortung und die partnerschaftliche Zusammenarbeit von Eltern und Erzieherinnen in Bezug auf die Erziehung eines Kindes. Grundlage der Partnerschaft sind Dialog und Kommunikation. Gemeinsam werden Erziehungsvorstellungen und Erziehungsziele zum Wohle des Kindes ausgetauscht, diskutiert und vereinbart. Wenn Eltern und Erzieherinnen als Ko-Konstrukteure im Erziehungs- und Bildungsprozess gemeinsam Kinder erziehen, ihnen Entwicklungs- und Lernhilfen und damit Möglichkeiten zu vielfältigen Selbstbildungsprozessen geben, dann schließt die Erziehungspartnerschaft die Bildungspartnerschaft mit ein. Gemeinsam werden Bildungsziele, Themen und Interessen der Kinder ausgetauscht und vertieft. Bildungsangebote können zwischen Kindertageseinrichtung und Elternhaus vernetzt werden.« (Vollmer 2012, S. 134)

In diesem Kapitel werden die vielfältigen Aspekte der Elternarbeit beleuchtet, ihre Bedeutung hervorgehoben und praktische Strategien für eine effektive Zusammenarbeit mit den Eltern vorgestellt. Von der Eingewöhnungsphase über die regelmäßige Kommunikation bis hin zur Konfliktlösung – Elternarbeit ist ein integraler Bestandteil des Kita-Alltags und trägt maßgeblich zu einer positiven Kita-Erfahrung bei.

Eine gute und vertrauensvolle Zusammenarbeit mit Eltern im Sinne einer Erziehungspartnerschaft zwischen Eltern und pädagogischen Fachkräften gilt als vorrangiges Ziel der Elternarbeit. Dabei geht es darum, eine gemeinsame Basis zu etablieren, auf der Erziehungskonzepte ausgetauscht und im Sinne des Wohlergehens der Kinder zusammengearbeitet werden kann. Jede Familie ist einzigartig und bringt ihre eigenen Werte, Kulturen und Erziehungsmethoden mit. Es ist wichtig, diese Unterschiede zu respektieren und zu schätzen. Der Begegnung der Eltern mit viel Empathie und Verständnis für die Herausforderungen, denen Eltern gegenüberstehen können, bietet eine gemeinsame Basis für die gemeinsame Zusammenarbeit. Eine offene und respektvolle Kommunikation bildet das Fundament dieser Zusammenarbeit. Dabei ist eine positive Einstellung sowie das Verständnis für die unterschiedlichen Hintergründe und Ziele der Eltern von Bedeutung und auch die Offenheit gegenüber anderen Erziehungs- und Wertevorstellungen ist ein weiterer wichtiger Aspekt. Die Zusammenarbeit mit den Eltern sollte nicht als Verpflichtung, sondern als Chance gesehen werden. Eine gute Zusammenarbeit zwischen Kindertagesstätte und Eltern ist ein Schlüssel zum Erfolg der pädagogischen Arbeit. Denn nur wenn auch Eltern sich gesehen und wertgeschätzt fühlen, kann gegenseitiges Vertrauen aufgebaut werden.

9.1 No-Gos in der Elternzusammenarbeit

In der Zusammenarbeit mit Eltern gibt es einige No-Gos, die vermieden werden sollten:

1. Respektlosigkeit jeder Art gegenüber Eltern oder Kindern ist inakzeptabel, auch Vorurteile und Stereotypen sollten vermieden werden.
2. Eine schlechte oder fehlende Kommunikation kann zu Missverständnissen und Konflikten führen. Es ist daher wichtig, regelmäßig und offen mit den Eltern zu sprechen und in den Austausch zu gehen.
3. Eltern sind die wichtigsten Bezugspersonen für das Kind und ihre Meinungen und Wünsche verdienen stets Berücksichtigung. Es ist

inakzeptabel, Entscheidungen bezüglich des Kindes zu treffen, ohne die Eltern einzubeziehen.
4. Vertrauliche Informationen über das Kind oder die Familie dürfen nicht ohne Zustimmung weitergegeben werden, da dies das Vertrauen der Eltern in die Kita stark beeinträchtigen würde.
5. Eine professionelle Arbeitsweise ist als Kita-Leitung von großer Bedeutung. Es ist dabei wichtig, persönliche Probleme oder Meinungen nicht in die Arbeit mit den Eltern einfließen zu lassen.

Um eine offene Kommunikation mit den Eltern zu fördern und eine positive Atmosphäre in der Kita zu schaffen, ist ein regelmäßiger Austausch mit den Eltern wichtig. Die Konzeption der Kita legt fest, welche Gesprächsformen es in der Kita gibt, wer diese durchführt und in welchem Rhythmus.

Bestimmten Elterngesprächen wird eine besonders große Bedeutung beigemessen und es ist wichtig, dass sie von der Kita-Leitung durchgeführt werden:

9.2 Das Aufnahmegespräch

Dieses Gespräch findet statt, bevor das Kind in die Kita kommt. Es dient dazu, die Eltern und das Kind kennenzulernen, Informationen auszutauschen und Erwartungen zu klären. Das Aufnahmegespräch ist ein wichtiger erster Schritt in der Zusammenarbeit zwischen der Kita-Leitung und den Eltern. Die Kita-Leitung kann wichtige Informationen über das Kind und seine Familie sammeln, die ihr helfen, das Kind besser zu verstehen und auf seine Bedürfnisse einzugehen. Vor Beginn der Eingewöhnung kann geprüft werden, ob die Rahmenbedingungen passen und ob zuvor noch weitere Absprachen getroffen werden müssen, weil z.B. ein Kind oder eine Familie mit besonderen Herausforderungen oder Bedürfnissen in die Kita kommt.

9.3 Umgang mit Beschwerden von Eltern

- Wenn während des Aufnahmegesprächs festgestellt wird, dass ein Kind oder eine Familie besondere Unterstützung benötigt, könnte es hilfreich sein, die folgenden Schritte zu befolgen: Das Wichtigste ist, Verständnis und Empathie für die Situation der Familie zu zeigen. Jede Familie hat ihre eigenen Herausforderungen, die es anzuerkennen gilt.
- Das Erfassen von Informationen zum individuellen Unterstützungsbedarf kann dazu beitragen, das Kind besser zu verstehen und seinen Bedürfnissen gerecht zu werden.
- Gemeinsam mit dem Träger muss überlegt werden, welche Art von Unterstützung die Kita anbieten kann. Hierbei können spezielle pädagogische Angebote, zusätzliche Betreuungszeiten oder die Zusammenarbeit mit externen Dienstleistern in Betracht gezogen werden.
- Um Ängste und Bedenken zu besprechen und gemeinsam Lösungen zu finden, ist es wichtig, eine offene und regelmäßige Kommunikation mit den Eltern aufrechtzuerhalten.
- Im Aufnahmegespräch können auch organisatorische Details geklärt werden, wie bspw. Bring- und Abholzeiten, Essensregelungen, Krankheitsfälle und andere Aspekte.

Das Gespräch bietet aber auch die Möglichkeit, die Erwartungen der Eltern an die Kita zu verstehen und die eigenen Erwartungen an die Eltern zu kommunizieren. Dies fördert den Aufbau einer positiven Beziehung zu den Eltern und schafft Vertrauen.

9.3 Umgang mit Beschwerden von Eltern

In der Zusammenarbeit mit Eltern in Kindertagesstätten können Herausforderungen auftreten. Ein wichtiger Ansatz zur Lösung ist eine offene und authentische Kommunikation. Durch regelmäßige Gesprächstermine und ein offenes Ohr für die Anliegen der Eltern wird signalisiert, dass ihre Meinungen und Bedenken geschätzt und ernst genommen werden. Hierbei ist der Aufbau eines guten Beschwerdemanagements ein wichtiger Bestandteil für eine gelingende Zusammenarbeit. Ein Beschwerdeverfahren in der Kita bezieht sich auf die gezielte Umsetzung von Maßnahmen, um Beschwerden und Verbesserungsvorschläge aufzunehmen, zu bearbeiten und zu reflektieren. Dabei handelt es sich nicht nur um die Struktur und den Ablauf, sondern vielmehr um einen Prozess, der Kritik als Chance zur Entwicklung versteht.

Die Etablierung eines effektiven Beschwerdemanagements in einer Kindertagesstätte erfordert eine systematische Herangehensweise. Es sollte ein klares und leicht verständliches Beschwerdeverfahren etabliert werden. Dieses Verfahren sollte die notwendigen Schritte für Eltern, um eine Beschwerde einzureichen, sowie den Prozess, der nach Eingang einer Beschwerde folgt, deutlich erklären.

Beschwerdemöglichkeiten können sein:

- bei den pädagogischen Fachkräften in der Gruppe
- bei der Kita-Leitung
- beim Träger
- bei den Elternvertretern als Bindeglied zur Kita
- über ein Beschwerdeformular, Beschwerdebriefkasten oder Ähnliches
- bei Elternabenden
- über Elternbefragungen

Ebenso ist es wichtig, eine offene und transparente Kommunikationskultur zu fördern, die den Eltern das Gefühl vermittelt, dass ihre Anliegen ernst genommen werden, ohne subjektive Bewertungen einzuschließen. Auch Empathie spielt eine wichtige Rolle im Umgang mit den Eltern. Durch das Verständnis und die Berücksichtigung der Perspektive der Eltern kann Vertrauen aufgebaut und eine positive Beziehung gefördert werden. Dies kann durch regelmäßige Elternabende, Informationsveranstaltungen und persönliche Gespräche erreicht werden.

9.3 Umgang mit Beschwerden von Eltern

Es ist unerlässlich, dass auch im Team die Zuständigkeiten und Verantwortlichkeiten klar abgesteckt werden. Es sollte festgelegt werden, wer für was zuständig ist und gegebenenfalls als Vertreter oder als Vertreterin fungiert. Zudem sollten die verfügbaren Kommunikationswege im Falle einer Beschwerde gemeinsam besprochen werden. Bei einer Kindertageseinrichtung mit einem hohen Anteil an Familien mit Migrationshintergrund könnten schriftliche Beschwerden möglicherweise weniger effektiv sein, daher gilt es, ganz individuell zu schauen, welche vielfältigen Kommunikationswege für Beschwerden genutzt werden können.

Um ein effektives Beschwerdemanagement-System zu erstellen, sollten folgende Fragen geklärt werden:

- Wer ist der Adressat der Beschwerde und auf welche Weise sollte er/sie kontaktiert werden?
- Wie wird die Beschwerde weitergeleitet und an wen?
- Wie wird die Beschwerde behandelt und wer trifft Entscheidungen darüber?
- Wer gibt wem und in welcher Form Rückmeldung und wie findet die Reflexion statt?
- Wann und wie wird der Kita-Träger über eine Beschwerde informiert?
- Wie werden Beschwerden dokumentiert?

Diese Maßnahmen tragen dazu bei, eine effektive Zusammenarbeit mit den Eltern im Sinne einer Erziehungspartnerschaft sicherzustellen.

Sollte es dennoch zu einer nicht gelingenden Zusammenarbeit mit Eltern kommen, ist es wichtig, im engen Austausch mit dem Träger zu bleiben und individuelle Maßnahmen abzustimmen. Es könnte hilfreich sein, die Gründe für eine fehlende Zusammenarbeit zu verstehen. Existieren kulturelle oder sprachliche Barrieren? Liegt ein grundlegendes Missverständnis oder ein Mangel an Vertrauen vor? Eine genaue Analyse der zugrunde liegenden Probleme ermöglicht es, gezielte Strategien zu entwickeln und diese umzusetzen.

9 Elternarbeit

In einigen Fällen ist es notwendig, eine Neubewertung der Zusammenarbeit mit den Eltern vorzunehmen und alternative Wege zur Unterstützung des Kindes zu suchen. Dies könnte beispielsweise die Kooperation mit anderen Familienmitgliedern, Freunden der Familie oder Gemeindeorganisationen einschließen. Es ist besonders wichtig, vor allem die Bedürfnisse des Kindes und das Wohl das Kindes in den Blick zu nehmen. Auch wenn eine gute Zusammenarbeit mit den Erziehungsberechtigten nicht möglich ist, sollte das oberste Ziel darin bestehen, für das Kind eine sichere und unterstützende Umgebung zu schaffen.

Die Förderung einer Kultur des Respekts und der Offenheit im Umgang miteinander ist entscheidend. Dies sollte sowohl für die Zusammenarbeit innerhalb des Teams als auch für die Zusammenarbeit mit den Eltern gelten. Eine regelmäßige Überprüfung und Anpassung sämtlicher Aspekte sind unerlässlich. Eine effektive Qualitätssicherung kann hierbei unterstützend wirken.

10 Qualitätsmanagement

Kindertageseinrichtungen müssen sich sowohl wirtschaftlichen als auch qualitativen Anforderungen stellen. Kita-Leitungen stehen vor der Herausforderung, diesen Anforderungen gerecht zu werden. Aus diesem Grund ist es wichtig, die Arbeit in der Kita strukturiert zu organisieren, um den Arbeitsalltag zu erleichtern und zu verbessern. In diesem Zusammenhang spielt das Qualitätsmanagement (QM) eine entscheidende Rolle.

Gutes Qualitätsmanagement ist ein systematischer Prozess, der darauf abzielt, die Qualität pädagogischer Arbeit in einer Kindertagesstätte zu messen, zu verbessern, zu sichern und zu dokumentieren. Er berücksichtigt alle Bedürfnisse und Erwartungen der Beteiligten, wie z. B. die der Kinder, Eltern, Mitarbeitenden, Träger und die der Öffentlichkeit. Ein Qualitätsmanagement hilft dabei, komplexe Ziele in kleinere Einheiten herunterzubrechen, um sie besser zu klären. Außerdem optimiert es die Arbeitsabläufe, fördert die Kommunikation und Kooperation, erhöht die Transparenz und Rechenschaft und bietet Möglichkeiten zur Steigerung der Zufriedenheit und Motivation. Durch ein effektives Qualitätsmanagement soll die Wirtschaftlichkeit der Kita gesteigert und die Zufriedenheit der Mitarbeitenden sowie der Kinder und Eltern gewährleistet werden.

Diese beiden Paragrafen aus dem SGB VIII unterstreichen die Bedeutung eines systematischen Qualitätsmanagements in Kitas.
So ist in § 22a SGB VIII Förderung in Tageseinrichtungen formuliert:

»(1) Die Träger der öffentlichen Jugendhilfe sollen die Qualität der Förderung in ihren Einrichtungen durch geeignete Maßnahmen sicherstellen und weiterentwickeln. Dazu gehören die Entwicklung und der Einsatz einer pädagogischen Konzeption als Grundlage für die Erfüllung des Förderungsauftrags sowie der Einsatz von Instrumenten und Verfahren zur Evaluation der Arbeit in den Einrichtungen.«[3]

Der § 79a SGB VIII besagt, dass die Träger der öffentlichen Jugendhilfe Qualitätsentwicklung in der Kinder- und Jugendhilfe betreiben müssen. Das bedeutet, dass sie Grundsätze und Maßstäbe für die Bewertung der Qualität sowie geeignete Maßnahmen zu ihrer Gewährleistung für verschiedene Bereiche der Kinder- und Jugendhilfe weiterentwickeln, anwenden und regelmäßig überprüfen müssen.[4]

Gerade bei großen Trägern mit mehreren Einrichtungen soll das Einführen gewisser Standards einrichtungsübergreifend sicherstellen, dass die Qualität in den Einrichtungen einheitlich ist.

In den 1980er und 1990er Jahren wurde gemäß DIN ISO 9001 die Darstellung des Qualitätsmanagements in Form von Kapiteln gefordert, wodurch der Begriff »Qualitätshandbuch« entstand. Heutzutage gibt es jedoch keine festgelegte Form mehr für das Qualitätsmanagementhandbuch. Es kann sowohl aus schriftlichen als auch digitalen Dokumenten bestehen und dient als Leitfaden für das Qualitätsmanagement. Das Qualitätshandbuch beschreibt Strukturen, Prozesse und Verantwortlichkeiten. Es sollte an die spezifischen Merkmale der Kindertagesstätte angepasst und unter Berücksichtigung der pädagogischen Konzepte und Ziele verfasst werden. Dabei sind die Haltung zur Qualität in der Kita sowie die Qualitätsziele, -maßnahmen, -kriterien, -prozesse und -instrumente von entscheidender Bedeutung, um eine Sicherung und Verbesserung der Qualität zu gewährleisten. Prüver schreibt dazu:

> »In einem Qualitätshandbuch werden alle Arbeitsabläufe, die für die Struktur und die pädagogische Arbeit in einer Einrichtung wichtig sind, dokumentiert. [...] Es dient allen Teammitgliedern der Orientierung und hilft, die in der Einrichtung geltenden Standards zu überprüfen.« (Prüver 2015, S. 16)

Um ein Qualitätsmanagement in einer Kindertagesstätte zu etablieren, können je nach Situation und Bedarf verschiedene Schritte und

---

3 https://www.sozialgesetzbuch-sgb.de/sgbviii/22a.html
4 https://www.sozialgesetzbuch-sgb.de/sgbviii/79a.html

Methoden angepasst werden.

Ein mögliches Beispiel für den Inhalt eines Qualitätshandbuches ist:

- Teil 1: Aufgaben der Kita-Leitung und des Kita-Trägers
Leitbild, Leitsätze
Qualitätsmanagementsystem, Qualitätsziele, Qualitätsplanung und -lenkung, Benennung des Qualitätsbeauftragten
Personal und Personalentwicklung
Haushaltsplanung, Rechnungswesen, Controlling
- Teil 2: Organisation der Kita
Beschreibung der Organisation
Darstellung der Strukturen der Organisation (Organigramm, Zuständigkeitsmatrix)
interne und externe Kommunikationsstrukturen
Ausstattung, Arbeitsmittel, Arbeitssicherheit, Praktikantenanleitung
- Teil 3: Information und Dokumentation
Beschreibung der Informations- und Dokumentationsprozesse
Verzeichnis der Dokumente und Aufbewahrungsfristen
Verzeichnis der Formulare und Vorlagen
- Teil 4: Pädagogische Arbeit
Beschreibung des pädagogischen Konzepts und der Ziele
Beschreibung der pädagogischen Prozesse und Abläufe (z.B. Eingewöhnung, Bildungsangebote, Beobachtung und Dokumentation, Elternarbeit, Übergänge, Inklusion, Interkulturalität etc.)
Beschreibung der pädagogischen Instrumente und Methoden (z.B. Portfolio, Bildungs- und Lerngeschichten, Sprachförderung etc.)
- Teil 5: Qualitätsentwicklung und -sicherung
Beschreibung der Qualitätsentwicklungs- und Qualitätssicherungsprozesse
Beschreibung der Qualitätsinstrumente und -methoden (z.B. Pädquis, KES-R, EFQM, etc.)
Beschreibung der Qualitätsmaßnahmen und -ergebnisse
Beschreibung der Qualitätskontrolle und -bewertung

10 Qualitätsmanagement

Die DIN ISO 9001 ist die internationale Norm, die die Anforderungen an ein Qualitätsmanagementsystem (QMS) festlegt und die die Basis des QMS sein kann.

Ein systematisches Qualitätsmanagement (QM) unterstützt dabei, alltägliche Aufgaben und Routinen zu beschreiben und dadurch qualitativ gleichbleibend zu erledigen. Das QM ist auch ein geeignetes Instrument, um neue Mitarbeitende strukturiert einzuarbeiten.

Es ist wichtig, die Qualität von Prozessen kontinuierlich zu überprüfen und weiterzuentwickeln. Daher ist Qualitätsmanagement ein fortlaufender Prozess. Um diesen Prozess systematisch anzugehen, hat sich der PDCA-Zyklus (Planen, Durchführen, Prüfen und Handeln) etabliert. Die einzelnen Schritte werden in diesem Zyklus wiederholt durchgeführt (vgl. Winkelmann & Rogalski 2021).

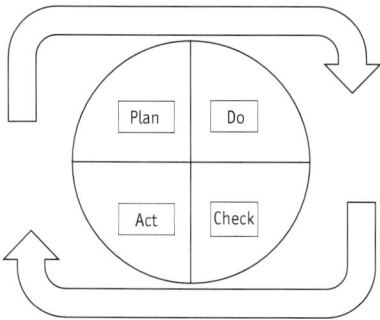

Abb. 12: PDCA-Zyklus (eigene Darstellung)

1. *Planen (Plan):* In dieser Phase wird ein Ziel oder ein gewünschtes Ergebnis festgelegt. Ein Plan wird erstellt, um dieses Ziel zu erreichen. Dies kann die Identifikation von Problemen, die Analyse der Situation sowie die Entwicklung von Hypothesen zu möglichen Lösungen beinhalten.
2. *Durchführen (Do):* Hier wird der im Planungsprozess entwickelte Plan in die Tat umgesetzt. Die Hypothesen und Ideen werden getestet und anschließend die Ergebnisse gesammelt.

3. *Prüfen (Check):* In dieser Phase erfolgt die Analyse der Ergebnisse aus der Durchführung, welche mit den erwarteten Resultaten verglichen werden. Dabei wird überprüft, ob das Ziel erreicht und der Plan erfolgreich umgesetzt wurde.
4. *Handeln (Act):* Basierend auf den Erkenntnissen aus der Prüfphase werden Korrekturen vorgenommen und Verbesserungen implementiert. Diese Verbesserungen werden dann in den nächsten Planungszyklus übernommen.

Nach Abschluss der Maßnahmenphase wird der Zyklus von vorne mit der Planungsphase gestartet. Dieses Verfahren wird wiederholt, bis das gewünschte Ergebnis erzielt ist.

11 Rechtliche Grundlagen

Das Grundgesetz Artikel 2 Absatz 2 für die Bundesrepublik Deutschland besagt: »Jeder hat das Recht auf Leben und körperliche Unversehrtheit. Die Freiheit der Person ist unverletzlich. [...]«
Die rechtlichen Grundlagen für die Kitas sind sehr vielfältig und je nach Bundesland unterschiedlich. Über den Landesgesetzen sind die gesetzlichen Grundlagen zur Betreuung von Kindern in einer Kindertagesstätte im SGB VIII (Kinder- und Jugendhilfegesetz KJHG) verankert.

Zur Vertiefung der rechtlichen Grundlagen sei an dieser Stelle Ellermann (2021) erwähnt. Das Buch bietet auch eine gute Darstellung der Organisation der Kinder- und Jugendhilfe auf Bundes-, Landes- und Kommunalebene (ebd., S. 23).

Für Kitas, ihre Leitungen und Träger sind insbesondere die folgenden Abschnitte des SGB VIII relevant (vgl. Ellermann 2021):

- §§1–10: Allgemeine Vorschriften
- §§ 22–26: Rechtsanspruch auf einen Kita-Platz und zur Förderung von Kindern in Kindertageseinrichtungen
- §§ 43–49: Aussagen zum Schutz von Kindern in Einrichtungen
- §§ 69–84, § 90: Regelungen zur Ausgestaltung von Kindertageseinrichtungen, Vorgaben zur Zusammenarbeit und Verantwortung der Träger; Kostenbeteiligung

11.1 Beteiligung von Kindern und Jugendlichen

Ein wichtiger Aspekt in §§ 8, 9 SGB VIII ist das Grundprinzip, dass Kinder an allen sie betreffenden Angelegenheiten in kind- und altersgemäßer Weise beteiligt werden.

1. Achtung der Autonomie des Kindes: Kinder sind eigenständige Persönlichkeiten mit eigenen Meinungen und Gefühlen. Ihre Beteiligung an Entscheidungen, die sie betreffen, zeigt Respekt vor ihrer Autonomie und fördert ihre Selbstbestimmung.
2. Förderung der Entwicklung: Die aktive Beteiligung an Entscheidungsprozessen fördert wichtige Fähigkeiten wie kritisches Denken, Problemlösung und Verantwortungsbewusstsein. Sie hilft Kindern, ihre Rechte und Pflichten zu verstehen und ihre Interessen zu vertreten.
3. Verbesserung der Qualität von Entscheidungen: Kinder haben einzigartige Perspektiven und Erfahrungen, die zu besseren Entscheidungen beitragen können. Ihre Beteiligung stellt sicher, dass ihre Bedürfnisse und Interessen berücksichtigt werden.
4. Schutz der Kinderrechte: Die Beteiligung von Kindern ist ein Grundrecht, das in der UN-Kinderrechtskonvention verankert ist. Sie ist ein wichtiger Mechanismus zum Schutz der Kinderrechte.
5. Förderung der Demokratie: Die Beteiligung von Kindern an Entscheidungen, die sie betreffen, ist eine wichtige Form der demokratischen Partizipation. Sie lehrt Kinder, wie Demokratie funktioniert, und bereitet sie auf eine aktive Teilnahme am gesellschaftlichen Leben vor.

11.2 Schutzauftrag bei Kindeswohlgefährdung

Der Begriff »Kindeswohl« ist zwar nicht eindeutig definiert, spielt jedoch in der Kita-Arbeit eine bedeutende Rolle. Bei Ihlenfeld und Klaus findet sich dazu folgende Definition:

»Unter Kindeswohlgefährdung sind zu verstehen:

- Vernachlässigung der Fürsorge
- Vernachlässigung der Aufsichtspflicht
- körperliche und seelische Misshandlungen
- Erlebnis sonstiger häuslicher Gewalt.« (Ihlenfeld & Klaus 2014, S. 76)

Innerhalb der Kita können zwei mögliche Kindeswohlgefährdungen auftreten: Zum einen durch unverantwortliches Verhalten der oder des Mitarbeitenden und gemäß § 8a Abs. 4 SGB VIII durch eine aktuelle oder mutmaßliche Gefährdung des Kindes außerhalb der Einrichtung (vgl. Gerstein 2019, S. 40 ff). Daher sollten bei der Konzeption der Einrichtung klare Schutzkonzepte und Handlungsstrategien für den Umgang mit Kindeswohlgefährdungen festgelegt werden. Es muss deutlich formuliert sein, dass es zur Aufgabe der pädagogischen Fachkräfte gehört und zum Leitbild des pädagogischen Handelns zählt, den Schutzauftrag zu erfüllen. Gemäß § 47 Satz 1 Nr. 2 SGB VIII sind die Träger erlaubnispflichtiger Einrichtungen verpflichtet, Ereignisse oder Entwicklungen, die das Wohl von Kindern (und Jugendlichen) beeinträchtigen können, unverzüglich zu melden. Die Meldung soll sicherstellen, dass Gefährdungssituationen oder negative Entwicklungen möglichst frühzeitig entgegengewirkt werden kann. Werden Fachkräften Gefährdungssituationen bekannt, die auf grenzverletzendes und übergriffiges Verhalten Dritter gegenüber Kindern außerhalb des Verantwortungsbereiches der Tageseinrichtung schließen lassen, ist eine Meldung nach § 8a SGB VIII verpflichtend. Das ist wichtig, um die Kita zu einem sicheren Ort für Kinder zu machen.

Im SGB IX sind die wichtigsten Rechtsgrundlagen zur Rehabilitation und Teilhabe von Menschen mit Behinderungen festgelegt. Das Sozialgesetzbuch Neuntes Buch (SGB IX) beinhaltet Gesetze, die Menschen, die von einer Behinderung betroffen sind oder bedroht werden, helfen sollen. Das Ziel ist es, diesen Menschen die notwendige Unterstützung zukommen zu lassen, um ein normales Leben führen zu können. Hierzu kann beispielsweise medizinische Behandlung, Hilfe bei der Arbeit oder Unterstützung im Alltag gehören. Das Gesetz sieht vor, dass diese Personen das Recht haben, selbst zu entscheiden und am gesellschaftlichen Leben teilzunehmen. Es regelt klar, welche Leistungen von wem erbracht werden und wie die Kooperation gestaltet wird.

11.3 Checklisten

Nicht alle rechtlichen Aspekte können in diesem Buch aufgegriffen werden. Das vorherige Kapitel diente als grober Überblick. So lassen sich auch die nachfolgenden Checklisten interpretieren. Checklisten sind ein wichtiges Instrument im Qualitätsmanagement, da sie die Überprüfung der Einhaltung bestimmter Standards, Verfahren und Anforderungen ermöglichen. Daher folgt hier eine Checkliste mit den wichtigsten Punkten (siehe auch vgl. Ihlenfeld & Klaus 2017). Diese Liste erhebt nicht den Anspruch, vollständig zu sein, und dient nur der Orientierung.

Tab. 5: Checkliste konzeptionelle Dinge

Konzeptionelle Dinge	erledigt
Leitbild	
Pädagogische Konzeption	
Kinderschutzkonzept	

11 Rechtliche Grundlagen

Tab. 5: Checkliste konzeptionelle Dinge – Fortsetzung

Konzeptionelle Dinge	erledigt
Gewaltschutzkonzept	
Gefährdungsbeurteilung/Risikoanalyse	
Qualitätsmanagementkonzept (▶ Kap. 10)	
Unterweisung Datenschutz und DSGVO für Kindertagesstätten	
Informationen für Praktikantinnen und Praktikanten/ Hospitantinnen und Hospitanten	

Tab. 6: Checkliste Verfahrens- und Dienstanweisungen / Aufgabenverteilungen

Verfahrens- und Dienstanweisungen/Aufgabenverteilungen	erledigt
Sicherheitskonzept	
Meldung von Mängeln beim Bau	
Brandschutz inkl. Wartung der Feuerlöscher, Überprüfung von Brandschutztüren	
Brandschutzschulung/-belehrung DIN 14096	
Aushang von Verhaltensregeln im Brandfall DIN 14099	
Bestellung zum Brandschutzhelfer	
Kontrolle elektrischer Geräte	
Arbeitssicherheit	
Dienstanweisung Krankmeldung	
Dienstanweisung bei verspätetem Arbeitsbeginn	
Umgang mit Beschwerden	
Sicherheitsabsprachen zu Ausflügen	

Tab. 6: Checkliste Verfahrens- und Dienstanweisungen / Aufgabenverteilungen – Fortsetzung

Verfahrens- und Dienstanweisungen/Aufgabenverteilungen	erledigt
Schutzmaßnahmen für Schwangere	
Hygieneplan	
Ersthelfer	
Belehrungen	
Gefahrenstoffverzeichnis nach der Gefahrenstoffverordnung	
Belehrung des Personals mit Lebensmitteltätigkeiten gemäß § 43 IfSG	
Belehrung der Erzieherinnen und Erzieher gemäß § 34 und 35 IfSG	
Regelmäßige Überprüfung elektronischer Anlagen und Geräte	
Spielgerätekontrolle nach DIN EN 1176 und DIN EN 1177	

Weitere Vorgaben ergeben sich aus den Vorschriften der DGUV (Deutsche Gesetzliche Unfallversicherung e. V.):

- DGUV Vorschrift 82 »Kindertageseinrichtungen« (in der Fassung vom 01. April 2009)
- DGUV Regel 102-602 »Branche Kindertageseinrichtung«
- DGUV Information 202-022 »Außenspielflächen und Spielplatzgeräte«
- DGUV Information 202-023 »Giftpflanzen, Beschauen, nicht kauen!«
- FB BE-002 »Sicherheit beim Roller- und Laufradfahren in der Kindertagesbetreuung«

11 Rechtliche Grundlagen

Normen (Stand 10/2023)[5]:

- DIN 18040:2023-02
»Barrierefreies Bauen – Planungsgrundlagen – Teil 1: Öffentlich zugängliche Gebäude«
- DIN 18041:2016-03
»Hörsamkeit in Räumen – Anforderungen, Empfehlungen und Hinweise für die Planung«
- DIN EN 716-1:2019-06
»Möbel – Kinderbetten und Reisekinderbetten für den Wohnbereich, Teil 1: Sicherheitstechnische Anforderungen«
- DIN EN 1176-1:2017-12
»Spielplatzgeräte und Spielplatzböden, Teil 1: Allgemeine und sicherheitstechnische Anforderungen und Prüfverfahren«
- DIN EN 1930:2019-03
»Artikel für Säuglinge und Kleinkinder – Kinderschutzgitter – Sicherheitstechnische Anforderungen und Prüfverfahren«
- DIN EN 16654:2018-04
»Kinderschutzprodukte – Vom Verbraucher anzubringende Fingerschutzvorrichtungen für Türen – Sicherheitstechnische Anforderungen und Prüfverfahren

---

5 https://publikationen.dguv.de/widgets/pdf/download/article/3100; Bezugsquelle: Beuth-Verlag GmbH, Burggrafenstraße 1, 10787 Berlin

12 Abschluss

»Eine Kita-Leitung kann viel bewirken, und alles verhindern.« Dieses Zitat ist abgewandelt von Lill und Sauerborn (1995, S. 9). Das Zitat betont noch einmal die bedeutende Rolle einer Kita-Leitung. Als Führungskraft hat sie oder er die Möglichkeit, positive Veränderungen herbeizuführen. Gleichzeitig kann die Führungskraft auch Hindernisse für den Fortschritt darstellen. Daher ist es entscheidend, dass Führungskräfte ihre Rolle mit Bewusstsein und Verantwortung wahrnehmen. Es ist wichtig, ein Umfeld zu schaffen, das die Zusammenarbeit fördert, individuelles Wachstum ermöglicht und letztendlich zum Erfolg der gesamten Organisation beiträgt.

Ich hoffe, dass dieses Buch Ihnen dabei hilft, Ihre Aufgaben mit noch mehr Freude und Professionalität zu erfüllen. Gute Führung ist eine kontinuierliche Lern- und Wachstumsreise. Viel Erfolg!

Abbildungs-/Tabellenverzeichnis

Abb. 1: SWOT-Analyse (eigene Darstellung) 18
Abb. 2: SWOT-Analyse-Beispiel (eigene Darstellung) 19
Abb. 3: Zusammenfassung: Das erste Jahr als Kita-Leitung (eigene Darstellung) 22
Abb. 4: Die sechs Rollen einer Führungskraft (eigene Darstellung angelehnt an »Systemisch führen« nach Schwarz & Schwarz) 33
Abb. 5: Das Eisenhower-Prinzip 45
Abb. 6: Wochenplan (eigene Darstellung) 46
Abb. 7: Das Pareto-Prinzip 47
Abb. 8: Die Phasen der Teamentwicklung nach Tuckman 53
Abb. 9: Maslowsche Bedürfnispyramide (eigene Darstellung) 57
Abb. 10: Anwendung der Kopfstandmethode (eigene Darstellung) 64
Abb. 11: Kopfstandmethode (eigene Darstellung) 107
Abb. 12: PDCA-Zyklus (eigene Darstellung) 134

Tab. 1: Dos and Don'ts 14
Tab. 2: Abgrenzung von »Leitung« und »Führung« 27
Tab. 3: Bewältigung von Dysfunktionen 62
Tab. 4: Vorlage Teamprotokoll 116
Tab. 5: Checkliste konzeptionelle Dinge 139
Tab. 6: Checkliste Verfahrens- und Dienstanweisungen / Aufgabenverteilungen 140

Quellenverzeichnis und weiterführende Literatur

50 Minutes (2018): Die Bedürfnispyramide: Menschliche Bedürfnisse verstehen und einordnen. o. O.: 50 Minuten.de.
Bamberger, G. (2022): Lösungsorientierte Beratung: Praxishandbuch. Weinheim/Basel: Beltz.
Becker, F. (2014): Psychologie der Mitarbeiterführung: Wirtschaftspsychologie kompakt für Führungskräfte. Wiesbaden: Springer Gabler.
Becker, F. (2022): Psychologie der Mitarbeiterführung: Wissenschaftliche Grundlagen und praktische Anwendungen. Wiesbaden: Springer Gabler.
Bertelsmann-Stiftung (Hrsg.), Möllering, Guido (2020): Führungsmüde? Deutschlands Führungskräfte (ver-)zweifeln an ihrer Rolle. https://www.bertelsmann-stiftung.de/de/publikationen/publikation/did/fuehrungsmuede-deutschlands-fuehrungskraefte-ver-zweifeln-an-ihrer-rolle [abgerufen Januar 2024].
BWL-Lexikon.de (o.J.): Das Eisenhower-Prinzip. https://www.bwl-lexikon.de/wiki/eisenhower-prinzip/ [abgerufen Januar 2024].
Ebner, M. (2019): Positive Leadership. Erfolgreich führen mit PERMA-Lead: die fünf Schlüssel zur High Performance. Wien: Facultas.
EY: Motivation im Job sinkt auf Tiefstand: Jeder Dritte macht höchstens »Dienst nach Vorschrift«. https://www.ey.com/de_de/news/2023/05/motivation-im-job-sinkt-auf-tiefstand [abgerufen Oktober 2023].
Gallway, T. (2012): Inner Game Stress: Wie Sie größere innere Stabilität gewinnen, um die Herausforderungen des Lebens bewältigen zu können. Todtnauberg: allesimfluss-Verlag.
Gerstein, H. (2019): Rechtsfragen aus der Kita-Praxis. Orientierungshilfen für den pädagogischen Alltag. Berlin: Cornelsen.
Goleman, D. (1997): EQ. Emotionale Intelligenz. München: dtv.
Hersey, P.; Blanchard, K. H. (1977). Management of organizational behavior: Utilizing human resources. 3rd ed. Englewood Cliffs, N. J.: Prentice Hall.
Hettl, M. K. (2014): Führung kompakt. Göttigen: BusinessVillage.
Hofbauer, H.; Kauer, A. A. (2023): Einstieg in die Führungsrolle Praxisbuch für die ersten 100 Tage. 8. Auflage, München: Carl Hanser.

Ihlenfeld, L.; Klaus, H. (2014): Rechte und Pflichten in der Kita. Was Kinder dürfen und Erzieher/innen müssen. Weinheim/Basel: Beltz.

Ihlenfeld, L.; Klaus, H. (2017): Dienstanweisungen für Kindergarten, Krippe und Hort. Weinheim/Basel: Beltz/Juventa.

Ispaylar, A. (2015): Selbstreflexion. In: Frey, D. (2016): Psychologie der Werte. Von Achtsamkeit bis Zivilcourage – Basiswissen aus Psychologie und Philosophie. München: Springer.

Janssen, B; Grün, A. (2017): Stark in stürmischen Zeiten. Die Kunst sich selbst und andere zu führen. München: Aristo.

Klug, W.; Kaiser-Kratzmann; J. (2020): Erfolgreiches Kita-Management: Unternehmens-Handbuch für LeiterInnen und Träger von Kitas. 4. Auflage. München: Ernst Reinhardt.

Laufer, H. (2021): Gut kommunizieren als Führungskraft. Wie praxisbezogene Kommunikation zu mehr Produktivität und besseren Ergebnissen führt. Offenbach: GABAL.

Lencioni, P.-M. (2014): Die 5 Dysfunktionen eines Teams. Weinheim/San Francisco: Wiley-VCH.

Lill, G.; Sauerborn, J. (1995): Königin im eigenen Reich? Zum Berufsverständnis von Kindertagesstättenleiterinnen. Berlin: FIPP-Verlag.

Lorenz K. (1973): Die Rückseite des Spiegels: Versuch einer Naturgeschichte menschlichen Erkennens (»Behind the Mirror: A Search for a Natural History of Human Knowledge« in der englischen Übersetzung). München: R. Piper.

Meier, R. (2012): Teamarbeit. Offenbach: GABAL.

Meier, R., Laufer, H., Hofmann, Y. E. (2015): 30 Minuten Management & Führung. 30 Minuten Sonderedition. Offenbach: GABAL.

Nifbe – Niedersächsisches Institut für frühkindliche Bildung und Entwicklung (2019): KiTas 2020: Mehr Herausforderungen als je zuvor. https://www.nifbe.de/infoservice/aktuelles/1608-kitas-2020-mehr-herausforderungen-als-je-zuvor [abgerufen Dezember 2023].

Prüfer, M. (2015): 55 Fragen & Antworten. Leitung von Kitas. Berlin: Cornelsen Schulverlage.

Schawel, C., Billing, F. (2012): Walt-Disney-Methode. In: Schawel, C., Billing, F.: Top 100 Management Tools. Das wichtigste Buch eines Managers. Von ABC-Analyse bis Zielvereinbarung. Wiesbaden: Springer Gabler.

Schuhmacher, O. (2011): Warum es so ist, wie es ist: Kommunikationsmodelle und Grundlagen. Wiesbaden: Gabler.

Schutter, S.; Braun, M. (2018): Herausforderungen von Kindertageseinrichtungen in einer vielfältigen Gesellschaft. Rosenheim: Hochschule Rosenheim. https://www.dkhw.de/fileadmin/Redaktion/1_Unsere_Arbeit/2_Aktuelle_Projek

te/9_Fruehkindliche_Bildung/Forschungsbericht_Vielfalt_in_Kitas/Forschungsbericht_Gesellschaftliche_Vielfalt_in_Kitas_2018.pdf [abgerufen Oktober 2023].

Seligman, M. (2012): Flourish – Wie Menschen aufblühen. Die Positive Psychologie des gelingenden Lebens. München: Kösel.

Sozialgesetzbuch (SGB VIII) Achtes Buch Kinder- und Jugendhilfe https://www.sozialgesetzbuch-sgb.de/sgbviii/1.html [abgerufen November 2023].

Thiele, C. (2021): Praxisbuch Positive Leadership: Impulse für den Führungsalltag. Freiburg/München/Stuttgart: Haufe.

Tuckman, B. W. (1965): Developmental Sequence in Small Groups. Psychological Bulletin, 63(6), 384–399

Vollmer, K. (2012): Fachwörterbuch für Erzieherinnen und pädagogische Fachkräfte. Freiburg: Herder.

Winkelmann, C., Rogalski, C. (2021): BWLight für Gesundheitsberufe: Plan-Do-Check-Act für Klinik und Praxis. Bern: Hogrefe.

Wolfs, A. (2022): Systemisch-konstruktivistisches Clinical Reasoning. Im Präsenz- und Telesetting für Mediziner und Therapeuten. Neustadt: Springer Nature.